U0032942

艾克哈特・托勒 著◎張德芬 譯

一個新世界

喚醒內在的力量

This is a Namaste Publishing Book.

推薦序

我相信人的內在絕對有強大的力量

殷琪

多年前在一次接受媒體訪問談個人閱讀經驗時，我坦承，因為千百年來人性從來沒變過，所以我不愛看管理的書，反而接觸許多宗教類書籍和小說，這類探討人性、生死、生命意義的書，常常帶給我傳統教育無法給我的啓發。

這次有機會拿到方智出版社即將出版的《一個新世界：喚醒內在的力量》，讀完之後，我很感動。作者艾克哈特・托勒認為，人類現在面臨的最大危機，是小我心智的功能失調，這樣的功能失調引發了恐懼、貪婪和權力欲望，也導致國家、種族、宗教和意識形態之間的戰爭和暴力，但他相信個人靈性的覺醒可以改變這個世界。

托勒打破宗教與意識形態的藩籬，引導讀者從內在省思自我，認清小我對虛幻自我及外在形相世界的認同是人類痛苦的根源。繼而從中解放出來，不再執著，放下對無常的恐懼，也停止追悔過去、憂慮未來，進而活在當下，得到內在深刻的平靜。

雖然談的是意識的覺醒這樣讓人感覺抽象又深奧的題目，但托勒用的是簡明清楚的文字，以及許多極富寓意的例子，來說明他的觀點。書裡面還有許多很實際的修練心法，例如觀察一樣物品，但不加上自己對它的詮釋，來練習不要讓思想占據你所有的意識。

這是一本喚醒我們內在力量的絕佳靈性成長書籍，如果要用一段話來總結這本書給我的感受，我想借用達騰轉世仁波切（Tarthang Tulku）的一則短文，這是我放在桌前隨時觀想的：

人類靈性的眞理，超越了任何單一的宗教信仰。
人類心靈的力量，超越任何國家的力量。
智慧、愛和療癒的能量，始終在這個宇宙間運作著，超越了所有凡夫俗子的心智。
當我們在自己內心能夠找到那份平安之時，我們就接觸到了這個宇宙的力量。
這是我們唯一的希望。

（本文作者爲臺灣高鐵及大陸工程股份有限公司董事長）

推薦序

追尋內在實相，才能創造「新世界」

胡因夢

艾克哈特．托勒在《當下的力量》這本書裡曾經提過一段生命經驗，他說自己在三十歲之前一直處在持續性的焦慮狀態，由潛意識深處升起對空寂和「不存在」的渴望，強烈地淹沒了想要活下去的求生本能。某日凌晨，他在極至的恐懼中驚醒過來，心中不斷地湧出一個念頭：「我活不下去了，我再也受不了自己了。」

就在這瀕臨崩潰的時刻，他突然覺察腦子裡的念頭很值得再探究一下，於是質問自己說：「如果我受不了自己，那麼必然存在著兩個我，『我』和我受不了的那個『自己』？而且他們之中應該只有一個是眞的。」當這段自我對話結束時，他的心突然空了，變得萬念俱寂，自我怎麼也起不了作用了，接著便捲進一股渦漩式的能流中。

這股能量的旋轉速度變得愈來愈快，令他整個身體開始振動不已，然後他聽到胸腔內傳來一個聲音，囑咐他「不要抗拒」，接著就被吸進一個虛空裡，但這虛空感覺上並不在外面，而是在身心的內部。當他從這種傳統所謂的「深定」狀態中出來時，閉著的雙眼卻看見一顆寶石的影像（印度瑜伽系統稱之為「藍珍珠」，代表內在的自性或神聖的原型）。當他把眼睛睜開時，房間裡的一切變得出奇明亮，就像鍍上了光似的，充滿著生機。接下來的五個月裡，他持續地處在深定和至福中，但幾年之後他才藉由靈修經典和某些精神導師，得知自己已經有了見性開悟的體證。

這種悟境令托勒不再執著於物質次元，他放下了所有關係，沒有任何工作，也沒有任何身分，就在加拿大某座公園的長凳上度過了兩年的歲月。在一部近期發行的靈修紀錄片裡，托勒向採訪者描述那段完全安住於「當下」的日子：他每天無所事事地坐在長凳上，看著來來往往的行人、天空的飛鳥和遠方的渡輪，心中充盈著最強烈的至樂感。

但即使是世間最美好的經驗，也仍然是無常易變的；他的至樂感逐漸地轉化成持續性的祥和與寧靜。那種感覺連旁人都能接收到，於是經常有人前來求教於他，希望也能達成同樣的心境。就這麼自自然然地，托勒變成了歐美近十年來最重要的精神導師之一。

雖然托勒的教誨和其他傳遞終極眞理的系統並無二致，但是他的文字和語言的確能啓動我們細胞記憶裡深埋的「本慧」，幫助我們從歷史、宗教、科學、生態及身心靈等各個層面，去契入內在最深的實相。也只有成就這樣的體悟，人類才可能創造出一個有別於現狀的「新世界」。

推薦序

一本提供覺醒的好書

辛意雲

人類自古以來就努力地追求生命的快樂與幸福，並希望死後還有天堂或極樂世界。只是在人類現實的生命歷程中，苦難似乎多過快樂和幸福。因此西方哲學，從古希臘赫拉克利特就說：「人類世界，戰爭是個常態。」近世西方大哲學家黑格爾、尼采也還認同這個觀點。

人類的誕生似乎就是個悲劇。遠從西方八世紀前，古希臘的吟遊詩人荷馬就吟頌出這個訊息。至今西方美學、哲學以至文學、戲劇等藝術創作上，悲劇仍是審美上的最高境界。即使從中世紀以來，歐洲的基督教信仰也並沒有使人從悲劇中獲得解放，反而使西方人更背負起了生命的原罪。耶穌基督獻身十字架的愛，並未爲世界帶來和平。

爲什麼？

人類眞的如古希臘荷馬詩人在詩歌中所唱：「做爲生靈的人，眞是悲慘！」眞是這樣嗎？古印度的釋迦牟尼，在西元兩千六百年前，就直接教示人類：「苦、集、滅、道」，是生命的眞諦。人們當「無所住，而生其心」，才有幸福、快樂的可能。

爲什麼？

《一個新世界：喚醒內在的力量》這本書給了我們一個較以往更爲明確的答案。

作者艾克哈特・托勒以他個人的心靈體悟，並歸納了人類自古以來想解決人類不幸遭遇的智慧與方法，用現代化的語言層層解析，使我們可清楚知道——人類的一切苦難，都來自那個「小我」。

什麼是「小我」？作者說：一個虛幻的身分認同感。而這個虛幻的自我，就變成了所有進一步闡釋「實相」、「思想過程」、「互動」和「人際關係」的基礎。這「實相」就成爲原始幻相的一個反映。質言之，這「小我」、這「幻相」，全來自生物以至於人類那與生俱來的「原始生存衝動」。也就是凡被誕生爲生命，就被約制在「活下去」，並達成「生存」的宇宙規律之中。而完成生存的那個「衝動」，就是「小我」。

這「小我」，在中國傳統思想上稱爲「己」，或「私己」。莊子在〈逍遙遊〉裡就說，達成「逍遙」必須「至人無己」。也就是人必須從這原始自我的「私己」中脫困而出，才能從生物人轉化爲眞正的人。而後又必須從生物人所架構的功利價值網絡脫出，才能將眞正人類潛在的本體能力淋漓盡致地展現。這才是眞正人的表現，這就是所謂的「神人無功」。此外眞正的「人」還要從生物人所構築的思想觀念的束縛中解除，這就是「聖人無名」。如此「人」就自由了，人就能「乘天地之正，御六氣之變，以遊於無窮」了。

托勒說：人唯有脫離「小我」，擺脫來自「小我」的心智，以及由「小我」心智建構的思想、概念、知識，人才會有覺醒。這是一種「意識轉化」。並由此去發掘隱藏在自己靈性中原有的深度，並認識到自己及人類在「小我」的約制下某些病態與瘋狂。人能意識到這超然的「覺知」，人才有了眞正的覺醒，才能脫離「小我」及其所生的幻相。

人類現在已面臨了一個嚴酷的選擇：要進化，或是要滅亡？人類要眞正地認識自己，讓人類眞正的覺醒意識浮現，才能享有生命的圓滿與來自宇宙本體的喜悅。

托勒從人類共有的歷史經驗，歸納出人類共同的生命智慧。再從宇宙本然和全人類的高度，來看人類的共同問題，甚至是人類的共同命運。這是《一個新世界：喚醒內在的力量》這本書非常精采又值得閱讀的地方。他在提煉了人類的生命本體的覺知後，用鉅細靡遺、清晰細緻的現代語言，完整而周到地剖析「小我」的構成與解脫的方式，提供人們更多自我靈修的認識與機會。作者似乎將世界文化做了融合，並預告了人類全面覺醒時代的開始。這是一個好的訊息，也希望有心覺醒的人，共襄盛舉。

這是一本有心靈修，並尋求覺醒的人一定要讀的好書。

（本文作者任教於臺北藝術大學共同學科）

推薦序

靈性經驗：生活殘片的組合，我們等待著不可思議的臨在

余德慧

我們看到本書作者艾克哈特．托勒的整套「覺」的理論，心有戚戚焉；在這條艱辛的道路上，多少靈性工作者不斷在這領域書寫，提出理論說法，而能夠有些許進展者卻非常稀少，大多數的作者只能透過自身莫名的經驗加上一些陳舊的解說，更糟的是，一些眞實的靈性論述被雜夾在一些陳腔濫調之中，常常被當做破銅爛鐵一起掃到垃圾堆裡。猶有甚之，即便近代的靈性論述逐漸地發展出一些新觀點，現代世界也不容易接納，以致形成「信者恆信，不信者恆不信」的平行現象，彷彿是兩個極端的意識形態相互取消。在信者一邊，托勒的《當下的力量》（二〇〇三，揚昇）一書讓許多人深受其惠；在不信者這邊，認爲他不過是陳腔濫調、靈性古魯之類的人物。

我仔細閱讀托勒的行文之間，發現不信者的看法非常不公允。近代的靈性論述逐漸發展出新的觀點，其中托勒的靈性觀點有其値得嚴肅對待的地方。姑且不論大衆媒體對托勒的褒貶或斷章取義，本文試著從近代靈性論述的發展來談。

有關化「小我」為「大我」的問題

大我、小我的傳統論述是有所不足的。小我的實在（Ego reality）被視爲眞理的障蔽，而「大我」是眞理的澄明，這個素樸的看法長久以來一直被主張著，鮮少更動。但是，這個論點卻一直留下它不可解的弔詭：小我的實在之所以能夠成立，必然有令其成立的始作俑者，而這始作俑者恰好就是我們所謂的「聰明才智」，也就是俗世的智慧——它幫我們料理世事，處理情緒，將世界整頓得井然有序，但也聞利而趨，貪嗔痴無一不備。換言之，小我的眞實在於其「有利於己」而展現於共利的外在世界。對這一部分，靈性論述稱之爲「自我的出擊」，而它遭受靈性傳統的批判，並不在於自我意識本身，而是它的「壞成分」（即貪嗔痴），因此，希望透過靈性修行的矯正，讓自我不要閉鎖在「小我」的壞成分裡。

這個論述其實是無效論述。人類的日常意識本身可以爲私利也可以爲公利，其可以存乎一心，也可以不存乎心，爲善爲惡，本身就沒有一定的傾向，而趨善避惡則是道德、倫理的制約，並非本心的湛然，所以，棄小我而趨大我只能說是道德感的呼喚，還不能算是宗教修行或徹底的自我轉化。猶有進之，若沒有看到自我現實的複合作用，人在世界裡的現實是無法脫離自我與世界情事或他人組構的，只要人的存在是依賴著這個無可避免的組構作用，就無可避免會發生種種的占有與分享。譴責「自我」（小我），往往是透過下列的邏輯：自我會將自身投射到所欲之物，使得「我」希望占有某物（如求名求利）。但這譴責卻忘了另一個邏輯也同樣成立：我也可以捨棄某物或與人分享。換句話說，譴責「小我」不能只是片面地指責「占有」，卻又片面地支持「分享」，使得一體兩面的東西彷彿有著全然不同的本質。綜合言之，「譴責小我、追求大我」不具有本心自然的本質，而只是人類意識的一種希冀之求罷了。

托勒在這轉折點做了關鍵性的決定：他拒絕將「開悟」意識與人類的意識掛勾，亦即，開悟意識絕非我們的日常意識，理由是：人類意識所展現的各種名相大抵以「形相」的風貌出現，亦即，世間的思維必定是以某種「能說得出」、「能表示得出」的表意方式顯露，而任何能以形相為表徵的東西，在他看來都是一種受縛的存在，他認為眞正的轉化意識在於「意識能保持無形無相的狀態」，而意識要保持「無相」，當然就不可能是我們習以為常的日常意識，而是某種我們的意識不熟悉、無由認識的狀態。

既然無由認識，那開悟意識又如何發生？托勒的眞正進展在於「間隙」的重新發現。自古以來，「精神界」的空間數度被發現，但迅即遭受活埋，現代文明所理解的精神界，無論是從蘇格拉底到黑格爾，或從儒家文明到佛家文化，「精神界」早就被人類心智所包裝的「精神」框死，那種訴諸文字、象徵、敘事或機構表徵的「精神」其實是個誤識，人不但無法透過日常意識所理解的「精神」去接近眞實的生命，反而被這些「精神」的載體，如修辭、讚歎、人云亦云等流俗作法糟蹋得體無完膚。托勒很清楚這點，他抨擊所有的宗教教門「增加常人的虛幻自我」：「很多宗教變成了製造分裂而不是促成合一的力量。它們不但沒有經由領悟到所有生命最終的合一眞相因而終止了暴力和仇恨，反而還帶來更多的暴力和仇恨。在人與人之間，以及不同的宗教，甚至相同的宗教間，都製造了更多的分裂。它們成爲一種人們可以認同的意識形態和信念系統，並且利用這些來增加人們虛幻的自我感。」（見本書第一章）。他並非否定宗教的價值，而是反對「錯認的宗教」，反對那種只認宗教形式而失去生命眞實的東西，如教義、圖騰、符號、象徵或組織的「宗教」（即「被錯認的宗教」）。托勒要回歸的是宗教啓蒙者的「開悟」時刻——釋迦牟尼在菩提樹下的那個星夜，耶穌在曠野那四十天的折磨，都一再顯示某個非凡的超越意識曾經出現在極少數的人類，而這非凡的經驗卻是「人人皆有」的一種生命本質，只是人類在文明的豢養之下，強力發展「僭主意識」——也就是我們所熟知的聰明才智。這種精明幹練、細心計較的明智意識就是老子所要棄絕的東西，但它卻是後來人類一味汲汲營營所欲發展的強大意識。在這僭主意識發達的時代，許多哲人大多隱約知道它的遮蔽性，就如海德格常嘆氣地說：「這是衆神隱退的時代」，但是卻無人能翻轉這日益強大、猖狂僭主的意識。

這就是我所謂的「靈性界的艱鉅任務」。傳統宗教試圖直接去否定僭主意識，要求在神聖面前無條件臣服，或者直接否棄小我，斷貪嗔痴。這些主張行之數千年，可說是成效有限，必須改弦易張。

托勒是從他的「開悟」下手，也就是他所謂的「臨在」。「臨在」這個詞來自基督文化，希望透過「直面現前」於神聖領域的經驗，而避開人類習慣的心智作用。

托勒對「臨在」有深入的看法與體悟。他並不沿用基督宗教的語言來談「臨在」，而是徹底地從「意識之非」——即絕不踏進任何宗教思想所羅織的意涵去談「臨在」，將經驗現象極端地從「臨在」提煉出來：

人類的認知當中，一旦有了一定程度的臨在、定靜和警覺，就能夠感受到神聖生命的本質，這本質就是在每個受造物、每個生命形式當中永存的意識或靈性，同時人們也能夠認識到，它和人類自身的本質是合一的，所以能夠愛它如己……當你全神貫注，並且對著一朵花、一顆水晶或一隻小鳥沉思冥想，但在心智（mind）上不去定義它們時，它們就會成爲你進入無形世界的一扇窗。

「臨在」的經驗現象：凝視的空間/臨在——我即是——內在空間

如果我們細究托勒的「臨在」到底何義，可以說是隔靴搔癢，但我們是用幾個漸進的說法。首先，臨在本身是個當下存在狀態，一個存有的動態，以英文字來表達爲presenting，而非representation，後者我們稱之爲「再現」，也就是我們日常意識捕捉對象加以理解的方式。而presenting本身前無主詞，意味著不知臨在的主體爲何，後無受詞，意謂著它並不展現「呈現了什麼」。這「presenting……」後面的「……」毋寧是無可說的奧祕，而這

「presenting……」出現的時刻更非心思所設計，總是不知何故地切斷了日常意識思想續流，那「覺」的認知就是在未升起造作意識與意識反思的中間，有個前後不接、無法被日常意識的空白間隙，從這空白間隙之間浮現的存在狀態。這個「覺」——在這當下，我們意會到這個空白維度，而產生精神性的深度流動，無論它是沿著聲音、眼見或觸碰而來，只要進入這汩汩流動的內在空間，人就立即會感受到鮮活、新奇、活潑朝氣與喜悅。

這樣的存有狀態，用拗口的字眼來說就是「我即是」。但這三個字其實無法表達「臨在」深刻的空白維度。同樣主張這種悟性的哲學家是法國的巴塔耶（Georges Bataille），可惜在僭主意識的羅織下，巴塔耶被冠上污穢者之名，與惡靈畫下等號。巴塔耶的主張，到了法哲德勒茲（Gille Deleuze）那裡就變成「純然的內在性」。

殘片的組合：一個不可思議的現象

生命的間隙可以是一種生命處境的斷裂（如災難），也可以是日常修練時的一種存在狀態，它眞正存在於我們的日常意識不再以連續、綿密的方式控制著我們的存在。然而，間隙也絕非眞空的存在，它眞正的意涵在於「意識之非」，也就是癱瘓日常意識。平時，我們的意識宛如非常忙碌的裁縫師，不斷將流逝的轉成記憶，將尚未實現的未來接補起來；遇到空疏的就加以密實（增補意義），碰到混亂的就加以平整，這些都在人的意向性的平面進行，成了維護世俗存在的甲冑。在這種存在裡，人彷彿過著合理的生活，可是在這合理生活的存在卻讓我們遺忘了生命眞實的存在，因爲生命眞實的領域，我們只能沉默領受，任何言語皆是多餘。至此，我們不禁問：那我們如何「覺」到這眞實生命？從托勒的間隙理論以及相關的哲者論述，那非常機緣性、意識無法料及的生命殘片的組合作用，非常可能是「覺」的因緣。所謂生命殘片，指的是那我們亙古以來就不斷隱約浮現的東西，例如懷孕的女子總是表現著人類亙古以來古老的姿態於某個瞬間，彷彿在這長久孕育人類的機制裡有著一股難以抹除的氣息在孕母的母體反覆地重複著，但它總是被話語遮蔽，以致於我們會用無效的語言去談母愛而遠離母愛，而眞實的母愛反而是在另一個空間。例如，我們看到母雞爲了救小雞而奮不顧身保護，自己讓老鷹攻擊。這個母愛其實尚未抵達眞實界，而是當我們看到母雞保護不成功，所有小雞被啄死，只剩下母雞對空繼續奮鬥的失敗。這個失敗辯證性地翻轉了我們，做爲一個見證者，我們從失敗瞥見眞實的愛，此時我們流淚，才在這殘局凝視到眞實——在日常意識裡看不見的眞實。

這就是人類潛在已有卻久遭掩滅的「悟性」。

然而，這條路的研究只是剛剛起步，也許未來的人類可以開出這新世界的花朵。在這起點上，托勒的貢獻應該是肯定的。

（本文作者任教於慈濟大學宗教與文化研究所）

譯者導讀

當下的領悟就是解脫

張德芬

本書的作者也是《當下的力量》的作者，他只寫過這兩本書。第一本書《當下的力量》曾經蟬聯紐約時報排行榜多時，在美國新時代／心靈成長界掀起一陣旋風。第二本書《一個新世界》在二〇〇五年出版時，成績也不俗，所受到的關注雖然不大，但兩年多來也賣了一百萬本左右。去年底（二〇〇七年），美國著名的電視節目主持人歐普拉（Oprah）無意間讀到這本書，驚爲天人，決定發心要大力推廣，與大家分享。她說這本書是她二十年來，讀了各種心靈書籍當中，最棒的一本，可以幫助提升人類的意識層次，她在讀後有了「覺醒」的感受。一時之間，洛陽紙貴，本書立刻被搶購一空，而且高居亞馬遜總排行榜冠軍多時。

很有幸，我剛好在二〇〇八年初完成了此書的譯稿，正好趕上這一波潮流。這說明了，我們現在已經準備好要接收這種「提升意識層次，覺醒到自己生命目的」的訊息了。作者最近的一篇文章提到了爲何寫第二本書（因爲第一本書基本上已經涵蓋了他所有要表達的觀點了）。這本書所談論的話題雖然和《當下的力量》相同，但是訴求的方式、表達的方式卻相當不同。《當下的力量》出版後，七、八年來，作者在全世界授課、演講，累積了很多寶貴的教學經驗，所以在《一個新世界》中，列舉出了很多自己個人的經歷、故事和其他的軼聞、禪宗的公案等。同時，它也強調了人類意識進化的迫切性，以及靈性覺醒會爲這個地球帶來什麼樣的變化（第一章）。

作者花了很大的篇幅（第二、三、四章），描述人類現在面臨的最大危機——小我心智的功能失調。他首先分析小我的成因（第二章），是來自對虛幻自我及外在形相世界的認同，再加上小我「總是需要更多」的本質，形成了人類痛苦的根源。我的第一本身心靈小說《遇見未知的自己》中，也以圖示的方式指出了因爲遠離眞我，我們向外抓取身分認同，小我於焉而生，與作者的理論呼應。

而在小我的核心（第三章）這一章中，作者指出，很多人如此認同於他們腦袋裡的聲音，和伴隨那個不間斷思想而來的情緒，所以他們被小我的心智完全掌控。作者繼而把小我的各種詭計和習性，都分析得無所遁形，讓大家認清小我的眞面貌。而對小我的覺察，就是我們從小我中解放出來的第一步！在第四章小我的多重面貌中，作者更加清晰地描繪了小我表現的各種方式，和它扮演的各種角色。其中，他談到了爲人父母有時會有的一些錯誤心態，眞如當頭棒喝般地精采！而作者更指出，快樂的祕密，就是與生命合一，與當下合一，在當下每一刻爲自己的內在狀態負責！

第五章裡，作者則仔細分析了情緒和小我的關係，進而介紹痛苦之身的形成，以及它賴以維生的各種「食物」——你的負面思想、人際關係衝突、對生活事件的反應所起的負面情緒。

我就看到身邊很多人，時時刻刻都準備好，等待下一個讓他們擔憂、悲傷、痛苦的事件發生。一旦那個事件發生了，他們立刻投入那種情緒當中，完全地與之認同，無法自拔，然後還要指責其他的人事物說：「都是他們害的！」

與小我一樣，當痛苦之身發作的時候，最重要的就是要有所覺察，藉由意識之光，化解人類黑暗的無意識。因此第六章中，作者經由幾個自己親身經歷的小故事，來描繪痛苦之身如何控制人類，而我們又如何能夠藉助臨在之光，從痛苦之身破繭而出。作者再三保證：那份對痛苦之身的知曉，就足以開始轉化的過程。接下來要做的，就是接納——允許自己在痛苦之身暴發的時刻完全地去感受當下的感覺。

有了對小我和痛苦之身的徹底理解，我們已經知道自己「不是誰」了，於是作者鼓勵我們找出自己的本來面目（第七章）。想要體察我們的本質，就必須先發掘我們的內在空間（第八章）。作者鼓勵我們，以覺察呼吸，和感知內在身體的方式，去體會那個在靜默中才會領悟到的真相：我們是那個不受制約、無形無相、永恆的意識。

在第九章「你的內在目的」當中，作者提到了很多人現在會有的疑問：我人生的目的是什麼？既然我了解到自己的靈性，那麼，如何在外在世界的目標和內在世界的最終目的之間找到平衡呢？他指出，我們的內在目的就是覺醒，而外在目的總是會隨著時間而改變，因此它始終是第二位的。我們所要做的，就是把臨在的品質帶入外在的工作中，這樣，就會讓內在目的與外在目的合一了。

最後，作者提出了宇宙的一個恆常現象：外顯（outgoing）和回歸（returning），這是一收一放、有規律的運動規則，我們的生活當中也脫離不了它。我們應該要做的，就是在自己的外顯和回歸的過程中，能夠保持覺醒的作爲，也就是將外在目的——作爲，和內在目的——覺醒和保持覺醒，協調一致。這樣，人類進化的下一步——全人類的覺醒，就很快會發生，因而在我們現有的基礎上，出現一個新世界——人類不再認同於思想，也就是小我的心智，因而獲得了眞正的內在自由。但是，作者強調，我們無法在未來得到解脫，因爲可以解脫我們的只有當下時刻。那份領悟就是覺醒。所以覺醒不是一個未來事件，它就是對當下臨在的領悟。

祝福大家在閱讀本書的過程中，能有當下的領悟。

譯者的話

爲了讓大家能夠更加理解原書的本意，我在此列舉出一些翻譯時我斟酌再三而定的翻譯方式，可能在別的書中翻譯會不一樣，所以把原文也列出來給大家參考。

Presence：臨在，英文的意思就是「在」，指的是在當下時刻的清楚覺知，全神貫注。

Ego：小我，很多書譯成自我，但是因爲書中很多次也提到**self**（自我），所以我用「小我」以示區別。**Ego**也常常被譯成「我執」。

I am：本我，或是「我本是」。英文直譯就是「我是」。

Form：外在形相，指的是有形有相的世界，有時我譯成「外相」。而**Life form**我譯成「生命形式」。

Being：有些書用「存在」這個說法，但爲了要和**existence**區別，我譯成「本體」。

Dimension：向度，有些書是譯成「次元」。我個人比較喜歡「向度」的說法。

Who you are：直譯就是「你是誰」，但是我配合書中的上下文譯成：你的本來面目、你的本質、你的眞實身分等。

Mind：心智。有的書譯成頭腦或大腦，我自己比較喜歡「心智」這個詞。Unobserved mind則是未受到觀測的心智，指的是無意識、沒有覺知的狀況下的心智。

Thought：這個字在書中反覆出現無數次，基本上我是譯成「思想」，但有時會隨上下文而採用念頭、思維、思考、想法等說法。

Pain body：痛苦之身，有些人譯成「痛苦體」。

Perception：認知、洞察，就是當我們看到一件東西或聽聞一件事情的當下，所產生的第一印象或感受，接下來我們通常就會爲這些事情貼上一個心智的標籤（label），也就是說，以名詞或形容詞來爲這個事物命名。

Conditioned：我翻譯成「被制約的」，就是我們從小生長的環境、教育、父母的管教，以及灌輸在我們身上的觀念等等，會像一個無形的繩索套住我們，決定了我們對事物形成一定的觀點。

德芬　二〇〇八年初春於北京

部落格：http://v35.blog.sina.com.cn/tiffanychang

CONTENTS

1 人類意識的綻放

緣起

地球，一億一千四百萬年前，一個旭日初升的清晨：在這個星球上有史以來的第一朵花，綻放開來迎向陽光。這是宣告植物生命進化轉變的關鍵事件，在此之前，植物早已經覆蓋這個星球好幾百萬年了。當時的條件可能並不適合花兒遍地綻放，因此，這第一朵花也許很快就凋謝了，而花朵的綻放在當時也必定是相當罕見的。然而，有一天，當一個關鍵性的臨界點到達時，突然之間，整個星球到處瀰漫著各式各樣的色彩和芳香——如果有一個觀照的意識在此觀察，就會目睹這一切的發生。

很久之後，這些優雅而芬芳，我們稱之爲「花朵」的存在，在另外一個物種的意識進化當中扮演了關鍵性的角色：人類逐漸被花朵吸引而著迷。隨著人類意識的進化發展，花朵極有可能是人類所珍視的東西當中，第一個沒有實用價值而且與生存無關的。花朵也為無數的藝術家、詩人、神祕學家帶來了靈感。耶穌教導我們：從對花朵的省思中，向它們學習如何生活。而據說佛陀曾經在一次默示中，拈花不語，只是凝視著它。半晌，一位名叫大迦葉的僧人，若有所悟地開始微笑，他是現場唯一領悟了這個開示的人。傳說那個微笑（也就是說，那個領悟）被二十八位大師相繼傳承下來，後來就變成了禪宗的起源。

能夠讚賞花朵的美麗，可以喚醒人類（無論多麼短暫）去正視他們自己最深處的本體（being）——也就是他們本質——之中的美麗。首度體會到「美」，是人類意識進化過程當中最重要的事件之一。因為喜悅和愛的感覺與這個體會息息相關。如果沒有這樣全然地領悟，花朵就不會成為我們內在深處那至高至聖、無形無相的一種有形表達。和孕育它們的植物相比，花朵是瞬間即逝、脫俗空靈又更為嬌貴的。它們彷彿是從另外一個領域來的信使，是有形世界和無形世界之間的橋樑。它們不但具有令人愉悅而且優雅的香味，同時也帶來了來自心靈世界的芬芳。如果我們用比較廣泛的定義來使用「開悟」（enlightment）這個字，而不是從傳統定義上來說的話，我們可以把花朵視為「開悟」的植物。

任何領域的生命形式，舉凡礦物、植物、動物或人類，都在經歷「開悟」的過程。然而開悟極為稀有，因為它不僅僅是進化上的一個突破而已：它同時意味著發展中的一個斷層，從不同層次的本體跳躍到另一個。而更重要的一點是：物質性的減少。

有什麼東西會比石頭（最密實的一種物質形式）更為沉重而且不容易穿透呢？然而有些

岩石的分子結構經歷了一些轉變，變成了透光的水晶。有些碳元素，經過無法想像的高溫和高壓，轉化爲鑽石，而有些重礦物則轉變成爲寶石。

大部分在地上爬行的爬蟲類（最固著於土地的生物），幾百萬年來都毫無改變。然而牠們之中，有些卻開始長出了羽毛和翅膀，變成鳥類，抗拒了長久以來拖住牠們的地心引力。牠們從爬蟲類進化爲鳥類的過程中，並不是變得更善於爬行或步行，而是完全超越了這些行爲。

自遠古以來，花朵、水晶、寶石和鳥類一直對人類心靈有著重要意義。就像所有生命形式一樣，它們當然也是萬物之中的那個至一生命、至一意識的短暫顯化。它們對人類之所以會有如此特殊的重要意義，以及人類之所以會對它們如此著迷並感覺親切，就是因爲它們脫俗空靈的特質。

人類的認知當中，一旦有了一定程度的臨在（presence）、定靜和警覺，就能夠感受到神聖生命的本質，這本質就是在每個受造物、每個生命形式當中永存的意識或靈性，同時人們也能夠認識到，它和人類自身的本質是合一的，所以能夠愛它如己。然而，除非上述這種情形能夠發生，否則大部分人類只能看到這些生命的外在形相，而無法覺察到它們內在的本質，就像人類只會認同於他們自己肉體和心理上的形相，而無法覺察到自己的本質一樣。

然而，當面對花朵、水晶、寶石或鳥類時，即使一個沒有臨在的人，都可能偶爾會感受到：在這些物質存在的形相之外，有更多難以言喻的東西。而這些人可能完全不知道，這就是他們會被這些東西吸引並且感覺如此親切的原因。

由於花朵空靈的本質，相較於其他的生命形式，它的外相比較不會遮掩其永存的靈性。但是還有一個例外，那就是——所有新生的生命形式——嬰兒、小狗、小貓、小羊等，它們是如此脆弱、嬌柔，在物質世界中尚未完全成形。天眞、嬌柔和美麗——這些不屬於塵世的特質，還是能夠從它們的內在透亮出來。它們甚至會讓那些感覺比較遲鈍的人都忍不住開心起來。

所以，當你全神貫注，並且對著一朵花、一顆水晶或一隻小鳥沉思冥想，但在心智（mind）上不去定義它們時，它們就會成爲你進入無形世界的一扇窗。你的內在會有個開啓（即使很小），讓你因而進入心靈的領域。這就是爲什麼自古以來，這三種「開悟」的生命形式，在人類的意識進化上扮演了非常重要的角色。比方說，蓮花之寶是佛教的一個重要象徵，而白鴿，在基督教中代表著聖靈。它們一直在爲人類注定要發生的一個更深遠的地球意識轉化奠定基礎，而這正是我們現在開始目睹到的心靈覺醒現象。

本書目的

人類已經爲意識轉化做好準備了嗎？這個內在意識的綻放將會十分徹底且深遠，相較之下，植物的開花綻放，無論多麼美麗，都將相形遜色。人類眞的能夠減低他們受到制約的心智結構密度，變得像水晶或寶石般透明，而讓意識之光穿透嗎？他們是否能抗拒唯物主義和物質性如萬有引力般地吸引，而超越對外在形相的認同？這種對外在形相的認同讓人類的小我（ego）得以存活，並且將他們囚禁在自己性格的牢籠中。

這種轉化的可能性，一直是人類所有偉大智慧的教導所傳達的中心思想。那些使者——佛陀、耶穌以及其他不知名的大師，就是人類最早綻放的花朵。他們是先驅者，稀有而珍貴的存在。在當時，意識還不太可能普遍綻放，而且他們所傳達的訊息大部分都被誤解，並經常被嚴重扭曲。當然，除了少數的幾個人之外，人類的行為也沒有因此而轉化。

現在的人類，是否比以前這些大師在世時準備得更充分了呢？為什麼應該是這樣呢？你到底能做什麼，好讓這個內在的轉變發生或是加速發展呢？舊的小我意識狀態的主要特點是什麼？哪些跡象可以用來辨識新萌生的意識呢？本書將會涉及這些問題以及其他重要的議題。更重要的是，這本書本身就是從正在揚升的新意識當中出現的轉化工具。這裡提出的論點和觀念雖然重要，但它們其實都是次要的。它們只不過是指向覺醒的路標。當你讀這本書時，轉變已經在你之內發生了。

本書的主要目的，不是為你的心智再增加一些新的資訊或信念，或是試圖說服你相信什麼，它是為了要帶來意識的轉化，也就是：覺醒。就這點來說，這本書並不「有趣」。所謂「有趣」是指：你可以和它保持一定的距離，在心智裡玩弄這些觀點和概念，不管你同意或不同意。這本書是關於你的。它不是會改變你的意識狀態，就是會對你而言毫無意義。它只會喚醒那些已經準備好的人。很多人（但不是每個人）都準備好了，而且隨著更多個人覺醒的發生，集體意識的動能也會跟著增加，所以對其他人來說，覺醒就變得更加容易。

如果你不知道「覺醒」是什麼意思，請繼續讀下去。只有當你覺醒時，你才可能了解這個詞的眞意。短暫的一瞥就足以啓動覺醒的過程，而且這個過程是不可逆轉的。對有些人來說，那個短暫的一瞥會在閱讀本書的時候發生。而對其他很多甚至不了解覺醒是什麼的人來說，這個過程可能已經開始了。這本書可以幫助他們覺察到這一點。覺醒的過程，在某些人身上，可能經由遭受損失或痛苦的方式開始，有些人則可能是經由接觸到某位靈性老師或某些靈性教導開始，或是經由閱讀《當下的力量》或其他充滿靈性生命力因而具有轉化力量的書籍，也有可能是以上各種經驗的組合。如果覺醒過程已經在你之內展開了，閱讀這本書將會加速並強化這個過程。

所謂覺醒，很重要的一部分就是去辨識出那個未覺醒的你——也就是小我，在小我思考、說話和行動的時候，辨識到它，並且辨認出那個受到集體制約的心智運作過程（它在未覺醒狀態中持久不衰）。因此，本書揭示了小我的幾個主要面向，以及它在個人層面和集體層面的運作方式。這是爲了兩個重要而且相關的理由：第一就是，除非知道小我背後運作的基本機制，否則你無法辨識出它，而它會一直欺騙你，讓你一而再、再而三地認同它。也就是說，它會掌控你，冒名頂替而成爲你。第二個理由是：「辨識出小我」這個舉動，正是覺醒發生的方式之一。當辨識出自己內在的無意識時，其實就是揚升的意識，也就是覺醒，讓這個辨識發生的。你無法與小我抗爭並且取得勝利，就如同你無法與黑暗抗爭一樣。你所需要的就是意識之光。

你就是光。

我們代代相傳的功能失調

如果深入去研究人類古老的宗教和靈性傳統，我們就會發現，在衆多的表面差異下，有兩個相同的核心洞見。描述這些洞見時所用的字句可能不盡相同，但是它們都指向一個雙重含義的基本眞理。這個眞理的第一層含義就是：領悟到大多數人類所謂「正常」的心智狀態，其實隱含了一個我們可以稱之爲「失調」甚至是「瘋狂」的重要元素。印度教的核心教導也許最能夠認清這種「失調」，其實是一種集體心智的疾病。他們稱爲「瑪雅」（maya），幻相之幕。印度最偉大的聖者之一馬哈希尊者（Ramana Maharshi），就曾經直率地指出：我們的心智就是幻相（maya）。

佛教則使用不同的辭彙。根據佛陀的說法，在正常的情況下，人類的心智會產生「度卡」（Dukkha），可以翻譯成受苦、不滿足，或是悲慘。佛陀視它爲人類狀態的一個特徵。無論去那裡，無論做什麼，佛陀說，你都會遭逢「度卡」，而且它遲早都會在每一個情境中出現。

根據基督教的教導，人類共同的正常狀態之一就是原罪。「罪」是一個被廣泛誤解和錯誤闡釋的字。這個字是從新約聖經的古希臘文直接翻譯過來的。「犯罪」的原意是「錯過了標記」，就像弓箭手錯失標靶一樣，所以「犯罪」就是「錯失了人類存在的要義」，就是活得不夠有技巧，盲目地生活，因此就會受苦並製造苦因。所以，拋開文化上的包袱和錯誤詮釋之後，「罪」這個字所指的，就是人類代代相傳下來的功能失調狀況。

人類的成就是非凡而且無可否認的。我們在音樂、文學、繪畫、建築和雕塑方面都創造了傑出的作品。近年來，科技更為我們的生活帶來劇烈轉變，同時使得我們能夠做出和創造出兩百年前會被視為奇蹟的事情。毫無疑問地，人類的心智具有非凡的聰明才智，但是它的聰明才智卻因瘋狂而有瑕疵。科技加強了人類心智破壞的影響力：這個星球、其他的生命形式，以及人類自己，都深受其功能失調之害。這就是為什麼在二十世紀的歷史中，我們最能夠清楚辨識出人類的功能失調和集體瘋狂。另一個讓我們能夠清楚辨識它們的原因就是：這個功能失調實際上正在增強並加速發展中。

第一次世界大戰在一九一四年爆發。在人類的歷史上，經常發生由恐懼、貪婪和權力欲望所驅動的毀滅性殘酷戰爭，以及奴役、虐待，還有因為宗教和意識形態不同而引發的各種暴力。人類因為相殘而遭受的痛苦遠超過因自然災害所帶來的痛苦。在一九一四年時，高度智慧的人類心智不但已經發明了內燃機，也發明了炸彈、機關槍、潛水艇、噴火器還有毒氣瓦斯。聰明才智竟然為瘋狂所用！在法國和比利時的壕溝拉鋸戰當中，因為搶奪幾英哩的泥巴地而導致好幾百萬人死亡。當一九一八年第一次世界大戰結束時，倖存者在震驚和不解中檢視戰爭遺留下來的慘禍：一千萬人失去生命，更多的人傷殘。人類的瘋狂從未有如此巨大而且清晰可見的破壞力。然而當時的人卻還不知道，這只是開始而已。

到了二十世紀末，人類因同胞暴力相殘而死亡的人數已經超過了一億人。這些人不僅是因爲國家之間的戰爭而死，同時也死於大屠殺和種族滅絕。像蘇聯史達林時代，死於「階級敵人、間諜、叛國賊」罪名的人數高達兩千萬人，還有無法言喻其恐怖的納粹德國大屠殺。另外還有很多人是死於無數小規模的內戰，例如西班牙的內戰；或是在紅色高棉政權統治下的柬埔寨，四分之一的人口都被處死。

我們只要每天收看電視新聞，就會知道這種瘋狂不但絲毫沒有減少，而且繼續延伸到了二十一世紀。人類心智集體的功能失調，呈現在另外一個層面就是，人類對其他生命形式以及這個星球本身，展開了前所未有的暴力行爲：供應氧氣的熱帶雨林還有其他動植物都遭到破壞，養殖農場中的動物虐待，河流、海洋和空氣的污染。人類爲貪婪所驅使而持續進行這樣的行爲，對他們自己和整個地球生命連結在一起的事實一無所知。如果不加以檢視，最終會造成人類自身的毀滅。

人類這種病態的集體顯化就是人類的核心狀態，構成了人類歷史的主要部分，也是相當程度的瘋狂史。如果人類的歷史，可以用一個人的病歷來比喻的話，那診斷將會是：慢性偏執狂妄想症，症狀有謀殺、極端暴力和殘酷行爲的病態癖好。對象則是他所認爲的「敵人」——他自己的無意識向外投射出來的敵人。他是一個有犯罪傾向的瘋子，但偶爾會有短暫的清醒時刻。

恐懼、貪婪和權力欲望這幾個主要的心理動力，不僅是國家、種族、宗教和意識形態之間戰爭和暴力的原因，也是造成各種人際關係衝突不斷的主因。它們也造成了你對其他人和對你自己認知上的扭曲。在這樣的錯誤認知下，你會曲解所有情況，而採取一些讓自己脫離恐懼或滿足自己貪婪欲望的偏差行爲，然而這卻是一個永遠都塡不滿的無底洞。

我們必須了解的一個重點是，恐懼、貪婪和權力欲望並非我們所談的功能失調，它們是因爲功能失調而造成，而功能失調則是深植於每一個人心智中的那個集體幻相。很多靈性教導告訴我們要放下恐懼和欲望，但是這些靈修法門通常都不管用，因爲它們沒有針對功能失調的根本原因著手。恐懼、貪婪和權力欲望不是最終的肇因。試著成爲一個善良或是更好的人聽起來是一個值得讚賞而高度「心智化」的事情。然而，除非你能轉變你的意識狀態，否則這樣的努力終究不會成功。因爲這樣的努力仍舊是功能失調的一部分。這種努力可以視爲是一種更微妙、更細膩的僞裝形式，這個僞裝其實是爲了增強自我、欲求更多，以及強化個人自我概念的認同（亦即自我形象）。試著變成好人並不會讓你變得更好，而是經由找到那個早已存在於你之內的良善，並且允許那個良善彰顯出來，才會讓你變得更好。但是如果想要那個良善顯現，你的意識狀態必須有一個根本的改變。

共產主義的歷史，最早是由一個高貴的理想所啓發，但它清楚地展示了當人們試著去改變外在實相——創造一個新世界——而不先去改變內在實相（意識狀態）的時候，會發生什麼事情。他們在勾畫未來時，並未考慮到人類功能失調的藍圖——也就是每個人內在都有的小我！

揚升的新意識

大多數古代的宗教和靈性傳統都有一個共同的洞見：我們人類心智的正常狀態，被一個基本的瑕疵給破壞了。然而，如果我們從這個洞見來看人類狀態的本質（我們可以稱它爲壞消息），就會升起第二個洞見（好消息）：人類意識可能會有徹底轉化的機會。在印度教的教導中（有時在佛教中也是），這個轉化被稱爲「開悟」。在耶穌的教誨中，它是「救贖」，在佛教中，它是「了苦」。「解脫」和「覺醒」也是其他常用來形容這個轉化的辭彙。

人類最偉大的成就倒還不是藝術、科學或科技的成果，而是能認識到自身的功能失調與瘋狂。在遙遠的過去，已經有少數幾個人能夠認識到了。兩千六百年前的印度，有一個名叫喬達摩悉達多的人，他可能是第一個完全看清楚人類功能失調的人。後來，他被授予佛陀的尊號。佛陀的意思就是「覺醒者」。大約同時，在中國也出現了另一位在人類之中較早覺醒的老師，他的名字是老子。他留下了一本有關他教導的著作《道德經》，這本書是有史以來意義最爲深遠的靈性書籍之一。

當然，當一個人能夠認出自己的瘋狂時，就已經開始邁向神智清醒，以及療癒和超越了。一個新的意識向度已經開始在地球上顯現，也可以說是第一個短暫的綻放。這些稀有的覺醒者，在那個時候就和他們同時代的人開始談論這些。他們談到罪，談到受苦和幻相。他們說：「看看你是如何生活的，看看你在做些什麼，還有你創造出的痛苦。」然後他們會指出從「正常」人類存在的集體夢魘中甦醒的可能，他們指引了一條明路。

當時，雖然這個世界還沒有準備好，這些大師卻還是人類覺醒的過程當中，重要且不可或缺的一部分。不可避免地，他們大部分都被同時代的人誤解，甚至後世也有很多人無法理解他們。雖然他們的教導既簡單又有力，而且有些還是他們弟子記錄下來的，但還是經常被扭曲和誤解。幾百年來，很多和原來教導毫無關係的東西都被添加上去，反映出那些基本的誤解。這些老師們，有的被嘲笑、辱罵，或是被殺害，有的則像神一般被崇拜。很多指引我們去超越人類心智功能失調，以及脫離集體病態方法的教導，都已經被扭曲，甚至本身也成爲病態的一部分了。

因此，大致說來，很多宗教變成了製造分裂而不是促成合一的力量。它們不但沒有經由領悟到所有生命最終的合一眞相因而終止了暴力和仇恨，反而還帶來更多的暴力和仇恨。在人與人之間，以及不同的宗教，甚至相同的宗教間，都製造了更多的分裂。它們成爲一種人們可以認同的意識形態和信念系統，並且利用這些來增加人們虛幻的自我感。經由這些意識形態和信念系統，人們能夠宣稱自己是「對」的，別人是「錯」的，同時藉由他們的敵人（也就是其他人，不信仰他們宗教的人，或是錯誤信仰的人）來定義自己，甚至還常以此來爲他們的殺戮行爲辯解。人以自己的形象來創造神。那個永恆、無限、無以名之的存在，被人們矮化成一個你必須相信和崇拜爲「我的神」或是「我們的神」的心理偶像。

但是……但是……即使有那麼多瘋狂的行徑假宗教之名橫行，這些宗教所指向的最終眞理還是在它們的核心中閃耀。經過一層又一層地扭曲和誤解，這些眞理雖然很微弱，但仍然在閃耀。然而除非在自己之內能夠先瞥見這個眞理，否則你很難在這些宗教之中看到它。在整個歷史中，總是有極少數的個人經歷到意識的轉變，因而在他們的內在領悟到了所有宗教所指向的東西。爲了描述那個無法用概念形容的眞理，他們還是必須要運用自己宗教中概念的架構來描述它。

藉由一些這樣的人，在所有主要的宗教當中，興起了一些學派或運動。這不僅代表原始教導的復甦，其中有些學派或運動也強化了原始教導的光芒。這就是靈知主義（Gnosticism）和一些神祕學派在基督教早期和中期興起的背景。還有像伊斯蘭教的蘇菲教派（Sufism），猶太教的哈西德主義（Hasidism）和卡巴拉神祕哲學（Kabbala），印度教的不二論（Advaita Vedanta），佛教的禪宗和大圓滿（Dzogchen）。這些學派大部分都是打破偶像崇拜的，它們去除了一層層僵硬的概念化和心理信念的結構，而正因爲如此，那些早已完善的宗教統治階級對它們抱持懷疑甚至敵對的態度。和主流宗教不同的是，這些教導強調領悟和內在的轉化。

經由這些祕傳的學派或運動，那些主要的宗教才能夠重新獲得它們原始教導的轉化力量，即使在多數的情況下，只有少數人才能接觸這些學派或運動。而有幸接觸到的人，由於爲數不多，始終未能對大多數人的深層集體無意識造成任何顯著的影響。隨著時代變遷，這些學派中，有些本身也變得過於形式化或概念化，以致於無法維持它們原來的影響力了。

靈性和宗教

在新意識的揚升中，傳統宗教究竟扮演著什麼樣的角色呢？很多人已經覺知到靈性和宗教的差異。他們了解到，擁有一個信仰系統——一套你認爲是絕對眞理的思想——無論它們的本質是什麼，並不會讓你更有靈性。事實上，愈是與思想（信仰）認同的人，愈會把自己帶離內在的靈性向度（dimension）。很多虔誠信教的人都被困在這一個層次。他們以爲思想就等同眞理，而當他們完全與自己的思維（心智）認同時，他們就會宣稱自己擁有唯一的眞理，其實這是無意識地試圖保護他們的身分認同。他們不了解思想的局限。除非你和他們所信（所想）的完全一樣，否則你在他們眼中就是「錯的」，而在不久的過去，他們還會覺得爲此而殺了你是很合理的行爲。其實，到現在還是有人這樣做。

新的靈性，也就是意識的轉化，現在正大幅度地在現有制度化的宗教結構外興起。即使在心智掛帥的宗教當中，總有一些潛藏的靈性在其中，而制度化的宗教統治階級會覺得備受威脅而試圖打壓它們。在宗教結構之外，大規模的靈性開展是一個全新的發展。在過去，這是不可思議的，尤其在西方（最爲心智掛帥的文化），基督教會擁有靈性特權，除非有教會的許可，否則你不能隨意對靈性發表言論或是出版有關靈性的書籍。如果沒有教會的許可而你這樣做的話，他們會馬上讓你銷聲匿跡。但是現在，就算在某些教會和宗教中，都有了轉變的跡象。即使這些宗教開放的跡象還是很微小，但已經讓人很感恩了。例如教宗若望保祿二世會去探訪清眞寺，以及猶太人的教會，這都是相當令人窩心的。

也許是因爲在傳統宗教之外興起了一些靈性教導，同時也可能是因爲東方古老的智慧教導蜂擁而至，愈來愈多傳統宗教的跟隨者能夠放下對外在形式、教條和嚴苛信念系統的認同，而去發掘隱藏在他們自己的靈性傳統中的原有深度，同時也發掘了他們自己內在的深度。他們了解到：你的靈性程度和你所相信的東西無關，但是卻與你的意識狀態息息相關。而接下來這又決定了你在這個世界中的行爲，以及與其他人之間的互動。

那些執著於外在形相的人，會更加深陷在他們的信念之中，也就是他們的心智之中。此刻我們目睹的不僅是一個前所未有、蜂擁而至的意識潮流，同時也目睹了小我的困窘和強化。有些宗教團體會以開放的心態接納這個新的意識，有些反而會強化他們的教條立場，並且與其他人爲的結構組織攜手，讓集體小我經由這些組織來防衛自己，並且反擊這個潮流。有些教會、宗派、教派或是宗教運動基本上都是集體小我的實體，就像那些追隨政治意識形態的人一樣，嚴格而僵化地認同他們的心理立場，不能接受別人對現實不同的詮釋。

但是小我和它所有僵化的結構——無論是宗教、其他組織、公司或是政府，是注定要瓦解的，無論表面上看來如何根深柢固，它們都會從內部開始分崩離析。最嚴謹的結構組織，最冥頑不靈而無法改變的，反而會第一個崩潰。這種情形已經發生在前蘇聯共產政府。無論表面上看起來是多麼根深柢固、堅實、獨立完整，在短短幾年內，它就從內部瓦解了。沒有人可以預料得到，所有人都很驚訝。未來還會有更多像這樣令人驚訝的事等著我們呢！

轉化的急迫性

當面臨一個巨大的危機，當舊有的生活方式、與他人互動的方式，以及與大自然共存的方式都需要改變，當生存受到看起來難以應付的問題的重大威脅時，某種個別的生命形式（或是物種）可能會死亡、絕種或是經由一個進化的跳躍而突破現狀的限制。

大家都相信，地球上的生命形式最早是從海洋開始演化。當陸地上還沒有動物時，海中卻已滿布生命。而在某個時間點，海中的某種生物可能開始向乾燥的陸地探險。剛開始可能只是爬個幾英寸，然後，由於受不了巨大的地心引力牽引而筋疲力盡，於是再度回到水中，因爲水中幾乎沒有地心引力，它可以生活得比較舒適。然後它又一而再、再而三地嘗試，過了很久以後，它終於能夠適應地面的生活，長出了腳以取代鰭，發展出了肺以取代鰓。對一個物種來說，除非它是被危機所迫而不得不如此，否則要冒險進入一個完全陌生的領域，還要經過一個進化的轉變，眞是不太可能。也許當時某一大塊海域眞的與主要海洋隔絕了，經過幾千年後，水漸漸減少，迫使魚類要離開它們的棲息地而展開進化。

對人類來說，我們此刻面臨的挑戰就是：對一個威脅我們生存的巨大危機做出回應。雖然在兩千五百年以前，古代高度智慧的導師就已經察覺到人類小我心智的功能失調，但如今這種失調因爲科技發達而更加惡化，終於首度威脅到了地球的生存。直到不久之前，人類意識的轉化（早期的大師們也指出過）一直都只有個可能性而已，而且只有在不同地點的少數個人曾經實現過，這與文化或宗教背景都無關。而在當時，廣泛人類意識的綻放尚未發生，因爲那時還不是那麼急迫。

地球上大部分的人類將很快認識到（如果他們尚未認識到的話）：人類現在面臨了嚴酷的選擇：進化或是滅亡。比例上來說相對較少，但正在急速增加的一小群人，目前正經驗到內在舊有小我心智模式的瓦解，以及新向度意識的浮現。

目前正在興起的不是一個新的信念系統，一個新興的宗教、靈性意識形態或是神話。我們其實是走到了神話、意識形態以及信念系統的盡頭了。這個轉變要比你的心智內容和思想的轉變來得更深。事實上，新意識的核心就是超越思想——你會發展出一個能夠超越思想的新能力，它同時能讓你領悟到，你的內在有一個比思想更爲廣闊無邊的向度。在此之前，你認爲舊意識中不間斷的思想續流就是你自己，現在你不需要從那個不間斷的思想續流當中，去尋找你的身分認同，還有你的自我感了。能夠領悟到「在我腦袋中的聲音並不是我」這個事實，是多麼偉大的解脫啊！那麼我究竟是誰呢？你就是看到這個事實的覺知，那個在思想發生前就存在的覺知，也就是思想、情緒或感官覺受發生時所在的那個空間。

小我只不過是：與外在形相的認同，形相主要指的是思想形相（念相，thought form）。如果邪惡有任何眞實性（這個眞實性是相對的，不是絕對的），那麼它的定義也可以是：完全與外在形相認同，就是與物質形相、思想形相、情緒形相認同。這樣的認同會造成我們的無知：無視於我們與整體的連結，完全無法覺察到我們內在與其他萬物及源頭的合一。這樣的遺忘就是原罪、受苦和幻相。當「我們與萬物顯然是分離的」這個幻相主導了我所想、所說和所做的所有事物時，我會創造出什麼樣的世界？想找到答案的話，去觀察人類是如何互動的：讀一本歷史書，或是看一下今晚的電視新聞，你就知道了。

如果人類的心智結構還是不改變，我們會不斷重新創造出本質上如出一轍的世界，同樣地邪惡，同樣地功能失調。

一個新天新地

本書的書名來自聖經一個預言的啟發，這個預言在當前時刻，比人類歷史上任何一個時期都更適用。在新約和舊約當中都有談到，一個現有世界次序的崩潰以及一個「新天新地」的升起。我們必須了解的是：在這裡說的「天」（天堂），並不是一個地點，它指的是意識的內在領域，它的意義是靈性而隱祕的（不是字面上的意思），這也是耶穌教誨的要義。「地」（世界），就是形相的外在顯化，而外在形相永遠都是內在的反映。在我們這個星球上，人類集體意識和生命是根本相連的。**「一個新天堂」指的是已轉化的人類意識的出現，「一個新世界」指的是這個意識在物質領域的反映**。既然人類生命和意識與地球的生命是根本合一的，隨著舊意識瓦解，在同一時間，地球各地會同步發生地理上和氣候上的自然混亂，有些我們現在已經目睹到了。

2 小我：人類的現狀

字句，無論是發聲說出來，或是沒有說出來，而只是以思想的形式存在，都會在你身上投下一個幾乎像催眠一樣的魔咒。你很容易在其中迷失，而且會像被催眠般暗自相信：當你把一個字句與一個事物連結時，你就知道它們是什麼了。事實上，你不知道它們是什麼。你只是用一個標籤把一個謎團給遮蓋了。任何事物——一隻鳥、一棵樹，甚至一塊簡單的石頭，當然還有人，其實最終都無法被知曉。這是因爲它們都有著深不可測的深度，所有我們可以理解、經歷、想到的，都只是眞相的表層，比一座冰山的尖端還小。

在這個表相之下，萬物不但與其他事物相連，同時也和它們生命的源頭相連。即使是一塊石頭（當然一朵花和一隻鳥就更明顯了），都能爲你展示回歸神、回歸源頭和回歸你自己的道路。當你看著它、握著它或是任由它存在，而不加諸一個字句或是心理標籤在它身上，你的內在會升起一股敬畏和驚歎之情。它的本質會無聲地與你溝通，然後把你的本質反映回來給你自己。這就是偉大的藝術家可以感受到，同時可以成功地在他們的藝術中表達出來的。梵谷沒有說：「這只是一張舊椅子。」他觀察、觀察、再觀察，他感受到了這張椅子的本體，然後他坐在畫布前，拿起筆刷作畫。這張椅子本身大概值幾塊美金。同樣的一張椅子，梵谷以它爲主題的畫作，今天可以賣到超過兩千五百萬美金。

當你不再用字句和標籤來遮蓋這個世界時，那個久已失去、奇蹟般的感受就會重回你的生活。當初會失去那種奇蹟感，是因爲人類不但不能「使用」他們的思想，反而被他們的思想所占有。如果能不用字句和標籤來遮蓋這個世界，另外一種深度就會回到你的生命當中，事物會重新讓你感到新奇、新鮮。而最大的奇蹟則是：你能夠經歷到那個本來的自我，它是在任何字句、思想、心理標籤和形象升起之前，就存在的。想要這個奇蹟發生的話，你必須將你的自我感和本體感，從所有和它們已經混淆在一起，也就是它們所認同的東西當中撤離。這本書所談的就是那個撤離。

你愈快在人、事、物或情況上面加諸言語或心理上的標籤，你所面臨的實相就會變得愈淺薄、愈無生命力，而你也會愈加遠離實相，也遠離了在你之內和周圍展開的生命奇蹟。而這樣的話，你也許會有些小聰明，但是會失去智慧，還有喜悅、愛、創造力和生命力。這些東西都是隱藏在認知和詮釋之間那個寧靜的間隙之中。當然，我們平常需要用到語言和思想，它們有自己的美麗，但我們需要被囚禁在它們之中嗎？

字句把實相縮減成人類心智可以理解的東西，而心智可以理解的東西其實並不多。像英語，它包括了聲帶可以發出的五個基本音，這五個母音是：a、e、i、o、u。其他的音則是嘴巴壓縮空氣而發出的子音：s、f、g等等。你會相信如此基本的一些發音組合能夠解釋你是誰，或是宇宙的終極目標，甚或是一棵樹或一塊石頭的深處究竟是什麼嗎？

虛幻的自我

「我」這個字，具體表現了一個最大的謬誤和最深的眞理——取決於你如何使用它。在傳統用法上，它不僅是語言中最常用的一個字（還有做爲受詞的「我」，以及相關的「我的」，還有「我自己」），也是最常誤導人的一個字。在日常生活的使用中，「我」讓一個最原始的錯誤具體化，這個原始的錯誤就是對於「你是誰」的誤解，也是一種虛幻的身分認同感。這就是小我。這個虛幻的自我感就是愛因斯坦說的，「一個意識的視覺虛幻」。愛因斯坦不僅對於時空的實相，更對於人類的本質有著深奧的洞見。那個虛幻的自我，就變成了所有進一步闡釋（或者說是誤解）實相、思想過程、互動和人際關係的基礎。你的實相就成爲這個原始幻相的反映。

好消息是，如果你能辨識出幻相，它就瓦解了。辨識出幻相也就是幻相的終結。它要靠你錯認它爲實相，才能存活。當看出來「你不是誰」的時候，「你是誰」的實相才會自動浮現。當你慢慢、小心地讀這一章和下一章時，這種情形就會發生。這兩章談的是有關我們稱之爲小我（錯誤的自我）的機制。那麼，這個虛幻自我的本質是什麼呢？

當你說「我」的時候，你所指的並不是你的本質（who you are）。你本質的無限深度，在這裡被極度簡約，而與一個聲帶所發出的聲音或是你腦袋中「我」的這個思想，以及「我」所認同的東西混淆在一塊兒了。所以，平常我們提到「我」（I），還有受詞「我」（me）以及「我的」（my、mine）的時候，指的到底是什麼呢？

當一個小孩學習到：一連串由父母聲帶發出來的聲音就代表了他的名字時，這個孩子就開始把那個字句（在心智裡就是一個思想）等同於他是誰了。在那個階段，有些孩子會用第三人稱來稱呼他們自己：「強尼餓了。」然後很快地，他們學會了那個具有魔力的字眼「我」，並將它等同於他們的名字，而他們早已經把名字等同於他們是誰了。然後其他的思想會來到，並且和這個最初的「我—思想（I-thought）」合併。下一步就是，有關「我」和「我的」的思想，會把一些事情標記成「我」的一部分。這就是認同於物件（object），也就是在「事物」上投注心力，而最終會認同於一些思想，這些思想代表了不同事物，我們在其中也都投注了自我感，因此可以從它們身上尋求身分認同。當「我的」玩具壞了或被拿走了，就產生了強烈的痛苦。這不是因為這個玩具本身有什麼價值（孩子通常很快就對它失去興趣，然後又會被別的玩具或物件取代了），而是因為那個「我的」思想。這個玩具已經成為孩子發展中的自我感——也就是「我」的一部分。

所以隨著孩子成長，最初的「我—思想」會吸引其他思想過來：它會與性別、所擁有的東西、感官覺受的身體、國籍、種族、宗教、職業等產生認同。其他「我」會認同的東西還有：角色（母親、父親、丈夫、妻子等）、累積的知識或意見、喜好和厭惡、過去發生在「我」身上的事，還有關於一些想法的記憶，而那些想法能讓我進一步定義我的自我感，而成爲「我和我的故事」。這些只是讓人們汲取身分認同感的事物當中的一部分而已。它們最終都不過是被事實隨意綁在一起的一些思想，而那個事實就是：它們全都被我們投注了自我感在裡面。你平常說到「我」的時候，所指的就是這個心理結構。更精確地說，大部分的時間當你說或是想到「我」的時候，其實不是你在說話，而是那個心理結構的某個面向在說話，也就是那個小我的層面。一旦你覺醒了，你還是會用「我」這個字，但是它會從你內在的更深處出現。

大部分的人還是完全與他們心智中，以及強迫性思想中不間斷的思想續流認同，其中大部分都是重複而沒有意義的思想。除了他們的思考過程，還有隨之而來的情緒之外，沒有所謂的「我」了。這就是「靈性上無意識」的意思。當你告訴人們，他們腦袋中有一個喋喋不休的聲音時，他們會說：「什麼聲音？」或是憤怒地否認。當然，讓他們這樣做的，就是那個聲音，那個思考者，那個未受觀測的心智（unobserved mind）。它們可被視爲一個占據並控制了這些人的實體。

有些人永遠不會忘記，當第一次能夠不與思想認同時，他們短暫經歷了身分認同的轉換：從對心智內容的認同，轉而成爲背景的覺知（awareness）。對其他人來說，這種情形可能是以非常微妙，以致於幾乎注意不到它的方式發生，或是他們只能感受到一股強烈的喜悅或內在的和平如潮水般湧來，而不知其所以然。

腦袋中的聲音

我在倫敦大學讀一年級時，初次瞥見了覺知。我每週有兩次搭地鐵去學校的圖書館，通常是早上九點出門，到傍晚交通尖峰結束時回家。有一次，一位三十出頭的女人坐在我的對面。我以前在地鐵上也看過她幾次，她眞的挺讓人矚目的。雖然整個車廂是滿的，但是她左右的座位卻是空的，原因當然是：她看起來眞有點精神不正常。她非常緊張，不停憤怒且大聲地自言自語，完全沉浸在自己的思想中，看起來好像對其他人和她周圍的環境完全沒有任何覺知。她的頭低垂而有點偏左，好像正和身邊空位上的人說話。我不記得精確的內容了，但是她的獨白大致是這樣：「然後她跟我說……所以我對她說你是個騙子你竟敢罵我……我這麼相信你，你卻一直利用我占我便宜辜負我對你的信任……」在她憤怒的語調裡，好像她被人誣陷了，她需要防衛自己否則會被消滅。

當地鐵靠近托特納法庭路站時，她站起來走向車門，嘴裡還是說個不停。那也是我要下的站，所以我也隨著她下車。到了街上，她開始向貝德福廣場走去，一路繼續進行她想像的對話，還是憤怒地指控別人並維護自己的立場。我的好奇心被勾起，決定跟著她——只要她走的大方向和我要去的地方差不多。雖然全神貫注於幻想式的談話，她似乎還是知道要去哪裡。很快地，我已經看到了參議院壯麗的建築，那是一棟一九三〇年代蓋的高樓，也是倫敦大學中央行政樓和圖書館。我驚呆了，我們怎麼可能去同樣的地方呢？是的，她是往那裡走去。她是老師、學生、辦公人員，還是圖書管理員？也許她是某個心理學家研究的對象？我永遠無法知道答案。我離她有二十步之遙，當我進入那棟大樓時，她已經消失在一部電梯當中。（那棟大樓，很諷刺地，恰好是喬治．歐威爾的小說《一九八四》拍成電影時，用來當做片中「心智警察」總部的地點。）

我多少對於剛剛看到的那一幕感到震驚。當年我是一個成熟的二十五歲一年級生，認爲自己是一個正在成形的知識分子，同時我深信所有人類存在的困境都可以透過智性，也就是思考來獲得解答。我尚未了解到：人類存在最主要的困境其實就是無覺知的思考。我視我的教授們爲擁有所有人生答案的聖者，並且把大學視爲知識的殿堂。一個像她那樣神智不清的人怎麼可能是這其中的一部分？

在進入圖書館之前，我去男洗手間還在想她的事。洗手的時候，我想著，希望我最後不要變成像她那樣。旁邊的一個男人很快地朝我瞄了一眼，我突然震驚地發現，剛剛我不僅「想」了那些話，還大聲地喃喃自語出來。「啊，我的天哪！我已經像她一樣了！」我這麼想。我的心智不也像她那樣無止境地活動著嗎？我和她之間的差異其實很小。在她思想背後占主導地位的情緒似乎是憤怒，而在我的情形中，大部分是焦慮。她把心中所想的東西都大聲說出來了，而我大部分的時間，是在心裡想而不說出來。如果她是瘋子，那麼每個人都瘋了，包括我自己。這其間只是程度的差異罷了。

那一刻，我從自己的心智中撤退了一步，而從一個更深的角度來看它。在那時，有一個短暫的從思考到覺知的轉變。我還是在男洗手間裡面，但現在是獨自一個人，看著鏡中自己的臉。在脫離了我心智的那一刻，我大笑了起來。聽起來好像不正常，但它卻是一個精神正常的笑，彌勒佛的笑。「生命其實並不像我心智製造的那麼嚴肅。」這好像是我的笑聲所要說的話。但這只是短暫的一瞥，很快就被遺忘了。接下來的三年，我都在焦慮和憂鬱中，完全與我的心智認同。一直到我快要自殺時，我的覺知才再度出現，這次就不只是驚鴻一瞥了。我從強迫性思考、虛幻的自我和心智製造的自我當中，徹底解脫了。

上面的事件，不但讓我瞥見覺知，也讓我第一次懷疑人類智性是否絕對正確。幾個月後，一件悲劇更加深了我的疑惑。一個星期一的早晨，我們到達教室準備要上一位教授的課，我一直很仰慕那位教授的心智。但我們卻被告知，那位教授在週末時舉槍自盡了。我非常震驚。他是一個備受尊崇的老師，而且看起來似乎知道所有問題的答案。然而，當時我還是覺得，除了培養我們的思維之外，別無他法。我並不了解：我們是意識，而思考只是其中很小的一個面向。我也不知道什麼是「小我」，更別說在我之內覺察到它了。

小我的內容和結構

小我的心智完全被過去制約，它的制約有兩個面向：內容和結構。

例如，有個孩子因為玩具被奪走了而痛哭，那個玩具就代表了內容。它和任何其他內容都是可以互換的——任何其他的玩具或物件都可以。你所認同的內容被你的環境、教養及周邊文化所制約，無論這個孩子是富有還是貧窮，無論這個玩具是一個木頭做的動物還是複雜精密的電子產品，就失去它的痛苦來說，沒有任何差別。這個劇烈的痛苦之所以產生，是因為這個字：「我的」，這就是結構性的。無意識且強迫性地藉由與一個物件產生關連，來強化一個人的身分認同，已經被嵌進小我的心智結構中了。

小我賴以生存的最基本心智結構就是「認同」。認同（identification）這個字是從拉丁文**idem**（意思是「一樣的」）和**facere**（意思是「使成為」）衍生而來的。所以，當我「認同」於某個事物，我就「使它成為一樣的」。和什麼一樣呢？和我一樣。我賦予它我的自我感，所以它就成為我身分認同的一部分了。認同最基本的層次就是與實體事物的認同：我的玩具，稍後就變成了我的車子、我的房子、我的衣服等等。我試著在事物中尋找自己，可是卻從來沒有真的成功，最後還讓自己迷失在這些事物中。這就是小我的命運。

與事物的認同

廣告業界的人都非常了解，想要人們購買他們並不眞正需要的東西，必須說服人們：這些東西會讓他們對自己，或是別人對他們的感覺更好，換句話說，就是爲他們的自我感加分。比方說，廣告會告訴你：如果用了這個產品你就會出類拔萃，意指你會更加圓滿。或是它們可能在你的腦海中製造一個印象：這個產品是和一位名人、一個年輕有魅力，或快樂無比的人有關連。即使垂垂老矣或是去世的名人在他們當紅時期的照片，都可以達到這樣的目的。這裡隱含的假設就是：買了這個產品之後，經由一些神奇的連結行爲，你會變得像他們一樣，或是表面上的形象會看起來和他們一樣。所以很多情況下，你買的不是那個產品，而是買一個「身分認同的強化品」。名牌的標籤基本上是讓你買一個集體意識的身分認同。它們非常名貴，所以也非常「獨特」。如果每個人都買得起，它們就會失去心理上的價值，那麼剩下來的就只是物質的價值，那大概只有你付的價錢的零頭而已。

每個人會認同於什麼樣的事物因人而異，取決於你的年齡、性別、收入、社會地位、時尚、周邊文化等等。你所認同的事物就是內容；而你無意識、強迫性地去認同，就是結構性的。這是小我心智運作最基本的方式之一。

矛盾的是，使得所謂「消費社會」得以繼續存在的原因，就是我們試圖在事物當中尋找自己卻失敗的事實：小我的滿足是如此短暫，所以你必須不斷地追尋更多，買得更多，一直不停地消費。

當然，在我們表層自我所生存的物質向度中，有很多事物是生活中不可或缺的必需品。我們需要房屋、衣服、家具、工具、交通運輸等，在生活中，我們也會因爲一些事物的美麗或本有的特質而珍視它們。我們需要尊崇物質世界，而不是鄙視它。每一樣事物都有它的本體，都是從無形的至一生命——所有事物、所有實體、所有形相的源頭——所衍生出來的短暫形相。在最古老的文化中，人們相信每一件事物，即使是所謂的無生命體，都有一個靈性生存於其中，在這方面，這些古老的文化比起我們現代人更接近眞相。當你生活在一個被抽象概念弄得死氣沉沉的世界，你已經無法感覺這個宇宙的生命力了。大多數的人都不住在一個活生生的實相中，而是生活在一個由概念組成的世界裡。

但我們如果只是把世間的事物當成加強自我的工具，並試圖在其中尋找自我的話，我們是無法眞正尊崇它們的。而小我卻正是這麼做：它對事物的認同，創造了我們對事物的執著、迷戀，繼而創造了我們的消費社會和經濟架構，在其中，唯一衡量進步的標準就是：更多！無由地努力要「更多」、努力追求「無盡的成長」，就是一種功能失調和疾病。它和癌細胞增長所顯示的功能失調是一樣的，唯一的目的就是不斷倍增，卻不知道毀壞了自身所屬的器官，因而招致自身的毀滅。很多經濟學家非常執著於成長的概念，他們甚至無法放下「成長」這個字眼，所以他們稱衰退爲「負向成長」。

很多人生命的絕大部分，都是消耗在對事物先入爲主的迷戀上。這就是爲什麼物質的激增成爲我們這個時代的禍害之一。當你無法感受到自己所是的那個生命時，你很可能就會用物質來塡滿你的生活。我建議你：經由自我觀察，來研究一下你和這個世界所有事物的關係，特別是那些你會稱之爲「我的」事物，這可以做爲一種靈性修持。比方說，你必須要很警覺且誠實，才能發現你的自我價値感是否受限於你所擁有的東西。有沒有一些東西會觸發你某些微妙的感覺，讓你覺得比他人重要或優越？缺乏某些東西，是否會讓你覺得遜於他人，因爲他們有的比你更多？你是否會不經意地提到你所擁有的事物，或是炫耀它們，好增加你在他人眼中的自我價値，或是讓你的自我感覺比較好？當別人的東西比你多，或是你失去貴重財產時，你是否會覺得怨恨或憤怒，而且你的自我價値好像有些縮減了？

遺失的戒指

我以前在擔任諮詢師和靈性老師時，一個星期會去探望一個身患癌症的女人兩次。她大約四十多歲，是個學校老師，醫生說她最多只有幾個月可以活了。在探訪中，有時我們會聊上幾句，但是大部分時間我們都靜默地坐在一起。當我們靜坐時，她第一次瞥見她內在的定靜。之前在擔任學校老師的忙碌生活中，她從來不知道它的存在。

然而有一天，當我到達時，她卻是在一個非常不安且憤怒的狀態。「發生了什麼事？」我問。原來她的鑽石戒指不見了，對她而言，那是極具金錢和情感價值的。她確信是一個每天來照顧她幾小時的女看護偷的。她說她無法理解怎麼會有人如此冷酷無情，居然對她做這種事情。她問我，她是該當面質問那個女人，還是立刻打電話報警比較好。我說我無法告訴她該怎麼做，但我要求她去發掘，那個戒指或其他任何事物，在她人生的這個階段，到底還有多重要。「你不了解，」她說：「那是我祖母的戒指。我以前每天都戴著它，直到我生病手太腫戴不下為止。它對我來說不僅僅是一個戒指而已，我怎麼可能不生氣？」

她反應的快速，以及語氣的憤怒和防衛性，都顯示了她無法有足夠的臨在去審視內在，而把她的反應和事件分開，並且觀察兩者。她的憤怒和防衛顯示了她的小我還是經由她在說話。我說：「我要問你幾個問題，但你不要現在就回答，試著在你的內心尋找答案。我在每個問題之後都會稍停一會兒。當答案浮現時，它也許不一定以話語的形式呈現。」她說她準備好洗耳恭聽了。我就問：「你是否了解，你有一天必須要放下這個戒指，而這一天也許很快就會到來？你還需要多少時間才能準備好放下它呢？當你放下它時，你會變得更少嗎？這個損失會縮減**你的本質**嗎？」在最後一個問題結束後，有幾分鐘的沉默。

當她再度開口時，臉上帶著微笑，而且看起來很平靜。「最後一個問題，讓我了解到一件很重要的事，起先我到我的心智裡去尋找答案，我的心智說：『是啊，你當然被縮減了。』然後我再問我自己：『我的本質眞的被縮減了嗎？』這次我試著去感受，而不是思考這個答案。突然間，我能夠感受到我的『本我』，我以前從來沒有感覺過。如果此刻我能夠如此強烈地感受到它，那麼我的本質就應該絲毫沒有被縮減。我現在還是可以感覺到它，很平靜但是非常鮮活。」

「那就是本體的喜悅，」我說：「只有當你脫離心智，才能感受到它。本體只能透過感受來體會，不能透過思考。小我無法知道它，因爲小我就是由思想組成的。你的戒指，其實眞的只是你腦袋裡的一個思想而已，可是你把它和你本我的感覺混淆了。你以爲本我或本我的一部分，是在那個戒指裡。」

「無論小我尋求什麼或執著什麼，它們都是本體的替代品，而小我無法感覺到本體。你可以珍惜並喜愛一些事物，但是一旦你產生執著，你就知道這是小我在作祟。其實你不是眞的執著於某件事物，而是執著於一個思想，這個思想有著『我』（I，主詞）『我』（me，受詞）或是『我的』在其中。當你能夠眞正接納一個損失，你就超越了小我，而你的本質，也就是本我（意識本身）就出現了。」

她說：「我現在終於了解耶穌說的一句話了，以前我一直不懂：『如果有人拿了你的裡衣，就連外衣也讓他奪去。』」

「對啊，」我說：「這並不是說你不該鎖上你的大門。它的意思是，有的時候，放下一些事情其實比維護它或抓住它來得更有力量。」

在她生命的最後幾週，她的身體逐漸衰弱，但是她愈來愈有光彩，好像光已經從她內在透出來了一樣。她把很多東西都送人了，有些還給了那個被她懷疑偷了戒指的女看護。每送走一樣東西，她的喜悅就更深。當她的母親打電話通知我她過世時，提到了在她死後，他們在浴室的醫藥箱裡面找到了那個戒指。是那個看護歸還了戒指，還是它一直都在那兒？沒有人知道。但我們知道一件事：生命總是爲你提供對你意識進化最有幫助的經驗。你怎麼知道這是你需要的經驗呢？因爲這就是此刻你正在經歷的。

那麼，一個人對他擁有的東西感到驕傲，或是對比他擁有更多的人感到不滿，就是錯誤的嗎？一點也不。驕傲的感覺、想要出類拔萃的需求，以及因爲「比人家多」而加強自我感或是「比人家少」而縮減自我感，這都不是對和錯的問題，它就是小我罷了。小我並不是錯的，它只是無意識而已。當你觀察到你內在的小我時，你已經開始要超越它了。不要太認眞看待小我。當你偵察到自己內在的小我行爲時，請微笑。有的時候你甚至會大笑出來，不敢相信人類怎麼可能被它欺騙如此之久？最重要的是，要知道小我和個人無關，它也不代表你是誰！如果你認爲小我是你個人的問題，那不過是更多的小我罷了。

所有權的錯覺

「擁有」某物，這到底是什麼意思呢？將一些東西變成我所擁有的（我的），又是什麼意思呢？如果你站在紐約街頭，指著一座摩天大樓說：「那棟樓是我的，我擁有它。」你不是非常有錢，就是有妄想症，要不就是騙子。無論如何，你是在述說一個故事，在這個故事中，「我」這個念相和「大樓」這個念相合而爲一了。這就是所有權的心理概念運作的方式。如果大家認同你的故事，你會有一個公證的文件來證明他們的認可：你是很有錢的。如果沒有人同意你說的故事，他們會送你去看精神科醫師：你不是有妄想症，就是有強迫說謊的傾向。

在這裡，很重要的一件事就是，無論人們同意與否，你要辨識出：這個故事和組成這個故事的念相與你是誰完全無關。即使人們同意這個故事，最終它還是一個幻相。很多人一直到了死亡迫在眉睫、外在事物開始瓦解時，才了解到：**沒有任何事物**和「他們是誰」的本質有關。當死亡臨近時，這整個「所有權」的概念終究顯得完全沒有意義了。在生命的最後時刻，他們也了解到，他們終其一生都在尋找一個更完整的自我感，但他們眞正在尋找的本體，其實一直都在那裡，只是大部分都因爲他們對事物的認同（其實最終就是他們對心智的認同）而被掩蓋了。

「靈裡貧窮的人有福了，」耶穌說：「天國將是他們的。」「靈裡貧窮」是什麼意思？沒有內在的負累，沒有認同。不認同於任何事物，也不認同於任何讓他們有自我感的心理概念。「天國」又是什麼呢？就是當你放下認同而成爲「靈裡貧窮」的人時，你會有的那個簡單但深遠的本體的喜悅。

這就是爲什麼在西方和東方，棄絕所有世俗的財產，一直都是個古老的靈修傳統。然而，棄絕財產並不能讓你自然而然地從小我中解脫出來。小我會試圖藉由認同其他事物，而維持它的生存。比方說，它可能會認同這樣一個心理形象：我超越了對物質世界所有的興趣，所以我比其他人更優越、更有靈性。有些人雖然棄絕了所有俗世的財產，但他的小我卻比一些百萬富翁還大。如果你拿走了一種認同，小我很快會找到另一種。小我基本上不在意它認同的到底是什麼，只要有個身分就可以了。反消費主義或是反對私人財產制也不過是另一種念相，另一種心理立場，可以用來取代對財產的認同。經由這些念相，你可以視自己是「對的」而其他人是「錯的」。我們接下來就會探討到，「讓你自己對，而其他人錯」是小我的一個主要心智模式，也是一個無意識的重要形式。換句話說，小我的內容可以改變，但是讓小我存活下來的心智結構卻永遠不會改變。

有一個無意識的假設是：經由所有權的幻相而認同於一個物件——那個外在看起來堅實而永續存在的物質性實體，會賦予你同樣堅實而永續的自我感。這最適用於建築物，尤其是土地，因爲土地是你認爲唯一可以擁有而不會被摧毀的。擁有某項物件這個概念的荒謬性在土地上尤其明顯。當年白人入侵北美時，當地的土著覺得「擁有土地」這個概念完全不可理解，所以當歐洲人讓他們簽署幾張紙，使他們喪失了土地的時候，對他們來說也是同樣不可理解。他們覺得他們屬於土地，但土地不屬於他們。

小我通常把「擁有」等同於「存在」（Being）：我擁有，所以我存在。我擁有越多，

「我」的存在就越多。小我經由比較而生存，別人如何看待你會變成你看待自己的方式。如果每個人都住在豪宅裡，或是每個人都很有錢的話，你的豪宅或財富就再也無法加強你的自我感了。那時，你可能會搬到一個簡單的小屋，放棄你的財富，重新獲得一個身分：視你自己（同時在他人眼中）爲比較有靈性的人。別人如何看待你變成了一面鏡子，告訴你：你是什麼樣子，以及你是誰。小我的自我價值感，在大多數情況下，受限於別人眼中你所有的價值。你需要別人給你一個自我感，而如果你所處的文化背景中，大多數人都是把自我價值等同於你有多少和你有什麼，而你又無法超越這個集體迷思的話，你終其一生都注定會去追求一些事物，無望地在其中尋求你的價值和完整的自我感。

你如何放下對事物的執著呢？試都別試了，這是不可能的。當你停止在事物中尋找你自己時，那個對事物的執著自然而然會消失。在此同時，只要覺知到你對事物的執著就可以了。有時你不會意識到自己對事物的執著（認同），直到你失去了它們，或是面臨失去的威脅。如果那個時候你生氣了，或者開始焦慮等等，那就表示你對它們是執著的。如果你覺知到自己認同於某個事物，那個認同本身就已經不完整了。「我是那個覺察到自己有執著的覺知。」這就是意識轉化的開始。

欲求：「需要更多」的需求

小我認同於擁有，但是它在擁有中獲得的滿足只是相對膚淺且短暫的。在它之內深藏著一個不滿足感、不完整感、匱乏感：「我所擁有的還不夠。」而小我真正的意思是：「我還是匱乏的！」

如同我們所見，「擁有」這個概念，是小我創造的幻相，爲的是要給自己一個堅實而永續的感覺，好出類拔萃，顯得與衆不同。既然你無法在「擁有」當中找到自己，那麼在小我的結構之下，還有一個更強大的驅動力：「需要更多」的需求（the need for more），我們也可以稱之爲：欲求（wanting）。如果沒有「需要更多」的需求，小我是無法長存的。因此，「欲求」比「擁有」更能讓小我長存。小我想要「擁有」，但是它更想要「需求更多」。所以「擁有」帶來的膚淺滿足感，總是會被更多的欲求代替。這裡談的是心理上的「需要更多」，也就是說，需要更多的東西來讓小我認同。這是一個有癮頭的需要，不是眞正的需要。

有些個案中，小我的典型特徵：心理上「需要更多」的需求，或是匱乏的感覺，會轉移到身體層面，而變成無法滿足的飢餓。暴食症的患者常常故意讓自己嘔吐，以便能夠繼續吃。其實餓的是他們的心智，不是身體。這種飲食失調的患者是可以治癒的，只要他們能夠不認同他們的心智，而和他們的身體連結，同時感受到身體眞正的需求，而不是小我心智的假需求。

有些小我知道他們要的是什麼，繼而以殘忍無情的手段和決心來追尋他們的目標——成吉思汗、史達林、希特勒，就是幾個特別著名的例子。然而，在他們欲求能量的背後，產生了一個同樣強度的對抗能量，最終導致他們的衰敗。同時，他們造成了自己和其他很多人的不幸，或是說（在這幾個著名的例子中），在人間創造了地獄。大多數的小我有著矛盾的欲求，它們在不同時刻需要不同的東西，或是根本不知道它們要什麼，只知道它們不要事物的本然（**what is**）：當下時刻。不安、煩躁、沉悶、焦慮、不滿足，都是無法塡補的欲求所造成的結果。欲求是結構性的，所以只要這個心理結構存在，無論多少內容都無法提供持久的滿足。我們常常可以在青少年當中（他們的小我還在發展階段）找到沒有特定目標的強烈欲求，其中有些人會永久處在負面和不滿足的狀態。

如果不是貪婪的小我病態而無止境地需要更多，因而造成資源的不平衡，人類對於食物、水、住所、衣物及基本舒適生活的實際需求，在這個地球上都可以很輕易地被滿足。小我還在這個世界的經濟結構中找到了集體表達的方式，像一些大型公司，他們就是爲了需要更多而互相競爭的小我實體。他們唯一盲目的目標就是利潤，他們絕對冷酷無情地追求那個目標。大自然、動物、人類，甚至是他們自己的員工，都不過是資產負債表上的數字和可供他們使用的無生命物體，用完即棄。

這幾個念相：「我」「我的」「比……更多」「我要」「我需要」「我一定要」「不

夠」，都是屬於小我的結構，而不是內容。內容是可以互換的，如果你不能在你之內認出這些念相，如果它們始終在無意識中，你就會相信它們說的話，你也一定會把這些無意識的思想付諸行動，而最後注定會求而不得。因為當這些念相在運作時，沒有任何物件、地點、人，或是狀況可以讓你滿足。只要這個小我的結構存在，就沒有任何內容可以滿足你。無論你有什麼或得到了什麼，你都不會快樂。你會一直追尋其他事物——那些許諾可以提供更大滿足，讓你自我感更完整，同時可以填補你內在匱乏感的事物。

與身體的認同

除了物質之外，另外一個基本的認同形式就是「我的」身體。首先，身體是男的，或是女的，所以身為一個男人或是女人，就占據了一個人自我感很大的一部分；性別也變成了一種身分認同。鼓勵性別認同從童年就開始了，它迫使你進入一個角色，進入一個被制約的行為模式，因而影響你生命的所有層面，不光是性別而已。這是很多人都深陷其中的角色，尤其在一些比較傳統的社會更為嚴重，相較之下，西方國家的性別認同則已經開始有些淡化了。在一些傳統文化中，對一名女性而言，最糟糕的命運就是不婚或是不孕，對一名男性來說，則是性無能而導致無法生育。生命的成就在於你是否能完成性別認同對成就的要求。

在西方，你認爲你是誰的那種自我感，有很大一部分是來自身體的外表形相：它的優點或缺點，和別人相比是被視爲美麗還是醜陋。對很多人來說，他們自我價值感是和他們身體的優勢、好看與否、體能和外表密切相關。如果他們認爲自己的身體不好看或是不完美，自我價值感就會縮減。

在有些情況下，關於「我的身體」的心理形象或概念會完全與現實脫節。一個年輕女孩也許認爲自己超重而拚命節食，但事實上她很瘦。她無法看見自己的身體，她所「看見」的，只是關於她身體的一個心理概念，那個心理概念說：「我很胖。」或是「我將會很胖。」這種情況的根源就是對心智的認同。隨著人們愈來愈認同他們的心智，也就是小我功能失調的情形愈來愈嚴重，近幾十年來厭食症的情況也戲劇性地增加。如果患者能夠不受心智評斷的困擾來看待自己的身體，或是辨認出這些評斷的眞面目而不相信它們——或更好的情況就是：如果她能從內在感受她的身體——她的療癒就開始了。

那些認同於自己好看的外表、身體優勢或能力的人，當這些特質開始消退或消失的時候（當然它們遲早會），他們就會受苦。他們對這些特質如此認同，然而現在卻面臨崩潰瓦解的威脅。無論是醜還是美，人們的身分認同很大一部分是來自他們的身體，無論是正面還是負面。更精確地說，他們從那個「我－思想」來汲取自我感，而「我－思想」卻錯誤地與身體的心理形象或是概念連結。身體的形象或概念最終不過是一具肉體的形相，和其他所有形相一樣，都是無常，而且最後會腐朽的。

把這個注定會變老、凋零、死亡的物質感官覺受的身體視爲「我」，遲早會讓你受苦。避免去認同身體並不是要你忽略、輕視或不照顧你的身體。如果它強壯、美麗或有活力，你當然可以享受並珍惜這些特質——當它們還在的時候。你也可以經由正確的飲食和運動來改善身體狀況。如果不把你的身體等同於你是誰，當美麗消逝、活力減退或是身體不適的時候，絲毫不會影響你的價値感或是身分認同。事實上，當身體開始衰弱時，無形的向度，也就是意識之光，可以更加容易地從衰退的形體中閃耀出來。

並不是只有身體狀況好或接近完美的人，才會把身體視爲他們的身分認同。同樣地，你也可能輕易認同一個有問題的身體，而把身體的不完美、疾病或殘缺當成你的身分認同。你可能認爲自己是某種慢性疾病或殘疾的「受害者」，也會這樣向別人描述自己。你因此可以從醫生或是其他人那裡獲得許多關注，他們也經常幫你確認：你概念上的身分認同就是「受害者」或「病人」，然後你會無意識地依附這個疾病，因爲它已經成爲你自我認知的身分中最重要的一部分，也是另一個小我可以認同的念相。一旦小我找到了一個身分認同，它不會輕言放棄。令人驚訝但常見的是，爲了尋求一個較強的身分認同，小我可能，而且也會創造出一些疾病，好讓自己經由它們而變得更加壯大。

感覺內在身體

雖然身體認同是小我最基本的一種形式，但好消息是，它也是你最容易超越的一種形式。這不是藉由說服自己：「你不是你的身體」來超越，而是藉由注意力的轉移——把注意力從對身體的外在形相，以及你對自己身體的想法（美麗、醜陋、強壯、衰弱、太胖、太瘦等），轉移到對身體內在生命力的感覺。無論你身體外在的表相是什麼，超越了這個外相，它就是一個強大而且活生生的能量場。

如果你對「內在身體」的覺知不是很清楚，閉上眼睛一會兒，然後試著去感受你的雙手中是否有生命。不要問你的心智，它只會說：「我感覺不到什麼。」或許它還會說：「給我一些比較有趣的東西來想吧！」所以不要問你的心智，直接去感受你的雙手。我的意思是：去覺知你雙手中那種細微生命力的感受。它的確在那裡，你要做的就只是帶著注意力去留心它。剛開始也許你會有輕微麻麻的感覺，然後你可以感覺到能量或生命力。如果你專注在雙手一段時間，那個生命力的感覺就會更強了。有些人甚至不需要閉上眼睛，在讀到這一段時，他們就可以同時感受到「內在雙手」。然後你把注意力帶到雙腳，讓注意力在那裡定住大約一分鐘，接著開始同時感受你的雙手和雙腳。然後試著把身體其他部位：雙腿、雙臂、腹部、胸部等，一起帶進那個感覺中，直到你能夠全面感受到你內在身體的生命力。

我稱之爲「內在身體」的東西，其實不是眞正的身體，它是一個生命能量，是介於形相和無形之間的橋梁。盡可能常常去感受你的內在身體，把這個當成習慣。一段時間之後，你就不需要閉上眼睛才能感受它了。舉例來說，試試看你是否能夠在傾聽別人說話時感受內在身體。這看起來好像是矛盾的：當你和你的內在身體連結時，你就不再去認同你的身體，也不會認同你的心智。也就是說，你不再認同於形相，而是從對有形的認同轉移到對無形的認同，也就是對本體的認同，這才是你眞正的本質身分。身體覺知不但可以讓你安住在當下，它也是可以跳出小我桎梏的大門。它同時可以強化你的免疫系統和身體的自癒力。

遺忘本體

小我始終都與形相認同，在形相中尋找它自己，又在其中迷失。形相不僅是物質的事物和肉體，比外在形相（物體和肉體）更基本的形相，就是不斷從意識的場域中升起的念相。它們由能量形成，比物質的事物來得精細，也較不稠密，但它們還是一種有形的形相。你能夠覺察到的、那個喋喋不休的「腦袋裡的聲音」，就是那個不間斷的、強迫性的思想續流。當每個思想都完全霸占了你的注意力，當你如此認同腦袋裡的聲音和伴隨它的情緒時，你就在每個思想和情緒中迷失了自己，於是你完全與形相認同，完全受制於小我。小我是不斷重複的念相和被制約的「心理—情緒」模式的集合體，我們在這些念相和模式中，投注了自我感。當你的本體存在感（意即本我感〔I Am〕這種無形意識），和形相搞混在一起時，小我就升起了。這就是認同的意思，這就是遺忘了本體，這個主要的錯誤，也就是絕對分離的幻相，把實相變成了夢魘。

從笛卡兒的謬誤到沙特的洞見

被認爲是現代哲學創始人的十七世紀哲學家笛卡兒，曾經在他視爲重要眞理的名言中表達了上述的主要錯誤：「我思，故我在。」這是他因應一個問題而找出的答案，那個問題是：「有什麼事情是我可以絕對確知的？」他了解到一個事實：他始終都在思考，這是毋庸置疑的，因此他就把思考等同於本體，也就是說，把本我的身分等同於思考。他找到的其實是小我的根源，而不是最終的眞理，但他毫不知情。

三百年後，另一位知名的哲學家沙特看出了笛卡兒和其他人在這個名言中都忽略的端倪。他深入探討笛卡兒「我思故我在」的名言，然後突然領悟到——用他自己的話來說就是：「那個說『我本是』（I am）的意識，不是從事思考的意識。」他這是什麼意思呢？當你能夠覺知到你自己在思考，那個覺知就不是思考的一部分。它是一個不同向度的意識，就是那個覺知在說「我本是」。如果在你之內除了思想之外別無他物，你根本不會知道你在思考。你會像一個做夢的人，不知道自己在做夢。你會認同每一個思想，就像做夢的人認同夢中的每個景象一樣。很多人其實就是這樣生活著，像個夢遊者，受限於老舊且功能失調的心智模式，不斷地重新創造相同的、惡夢般的現實。當你知道你在做夢，你就在夢中清醒了，另外一個向度的意識進來了。

沙特的洞見影響深遠，但他自己還是太過認同於思考，以致無法了解他洞見的重要全貌：一個正在浮現的新向度意識。

超越所有理解的平安

很多人是在生命的某個時期，在悲慘的損失之後，才經歷到這個正在浮現的新向度意識。有些人失去所有財產，有些人喪失了孩子或配偶，或失去他們的社會地位、名譽或身體機能。有些情況是，因爲災難或戰爭，他們同時失去了以上所有東西，然後發現他們一無所有。我們可以稱這種情形爲「極限狀況」。他們以前所認同的所有事物，所有帶給他們自我感的，都被拿走了。然後，事出突然且不可思議的是，原先他們感受到的極度痛苦和強烈恐懼竟然撤退了，隨之出現的是神聖的臨在感，一種深沉的平安與寧靜，以及從恐懼中完全解放。這個現象對聖保羅來說一定很熟悉，因爲他曾說：「神的平安是超越所有理解的。」它看起來的確是一種不可理喻的平安，經歷到它的人會問自己：在這種情況下，我怎麼可能還會感到如此平靜？

一旦了解小我的眞面目和它運作的方式，答案就很簡單了。當你認同的形相、那些給你自我感的東西崩潰瓦解或是被剝奪了，這會導致小我的崩潰瓦解，因爲所謂的小我就是與形相認同。當沒有任何事物可以讓你認同時，你是誰呢？當你周圍的形相全都瓦解，或是死亡迫在眉睫時，你的本體感、本我感，就從形相的束縛中解放出來，靈性也從物質的束縛中被釋放了。你領悟到你眞正的身分是無形無相的，是無所不在的臨在，是在所有形相、所有認同之前就存在的本體。你了解到你眞正的身分就是意識本身，而不是意識所認同的那些事物，這就是神的平安。關於你本質的最終眞理，不是「你是這」或「你是那」，而是「我本是」。

並不是每個經歷巨大損失的人都會體會到這樣的覺醒過程：從與形相的認同中解離。有些人很快就會創造一個強烈的受害者心理形象或念相——無論是某種情勢下的受害者，還是因爲其他人、不公平的命運，或是神而造成的受害者。這些念相和它所產生的情緒，例如憤怒、怨恨、自憐等，會讓他們強烈地認同，並立刻代替那些在損失中瓦解的其他認同。換句話說，小我很快就找到一個新的形相來認同。這個新的形相事實上是極端不快樂的，但是小我卻不在乎。無論是好、是壞，只要它有個身分就可以了。事實上，這個新的小我會比舊的小我更緊縮、更僵化，而且更不可理喻。

當悲慘的損失發生時，你不是抗拒它，就是順應它。有些人會變得尖酸刻薄或怨天尤人，其他人則變得慈悲、智慧並充滿愛。順應指的是在內在接受事物的本然——你敞開來面對生命。抗拒則是一種內在的收縮，讓小我的外殼變得更加堅韌——你是封閉的。在內在的抗拒下，你所採取的行動（可稱之爲負面的）將會產生更多外在的抗拒，宇宙不會站在你這邊，生命也不會幫助你。如果門窗都關閉了，陽光是無法照耀進來的。但是當你內在能夠順應、能夠臣服時，一個新向度的意識開啓了。如果有可能或必須採取行動的話，你的行動將是和整體一致，而且具有創造力的智性會支持你，這個具有創造力的智性，是內在敞開的狀態下、與你合一的那個不受制約的意識。周圍的情勢和人們都會開始幫助你，與你合作，巧合自然地發生了。如果當時不能採取任何行動的話，你會在隨著臣服而來的平安與內在定靜中安歇，在神之中安歇。

3 小我的核心

很多人完全認同他們腦袋裡的聲音——那個不間斷、不自主、強迫性的思想續流，還有隨之而來的情緒——我們可以說這些人被他們的心智占據了。如果你對此毫無覺知，就會認爲自己就是那個思考者，這就是小我的心智。我們稱它爲「小我的」，因爲在每個思想——每個記憶、每個闡釋、意見、觀點、反應和情緒裡，都有一個自我感（小我感）在其中。從靈性的角度來說，這就是所謂的無意識。你的思想、你心智的內容，當然是被過去所制約，過去是指你的教養、文化、家庭背景等。你心智所有活動的最核心包含了一些重複且持續的思想、情緒和反應模式，這些都是你最強烈認同的。這個實體就是小我的本身。

在大多數的情形中，當你說「我」的時候，其實就是小我在說話，而不是你，我們在前面已經看到了。它包含了思想和情緒，包含了一堆你認同爲「我和我的故事」的回憶，包含了你不自知而習慣性扮演的角色，以及一些集體認同，例如國籍、宗教、種族、社會階級、政治立場等。它還包括了個人的認同，不僅是認同個人擁有的東西，還包括個人意見、外表、長久以來的怨恨，或是關於你自己比別人好或不如人、自己是成功或失敗的概念。

小我的內容因人而異，但是在每個小我中運作的結構都是一樣的。換句話說，小我的差異只是在表相，深究之下都是一樣的。它們是怎樣相同呢？它們都是靠認同和分離為生。當你透過小我而活（小我是心智製造的自我，由思想和情緒組成），你身分的基礎就是不可靠的，因為思想和情緒的本質就是短促而稍縱即逝的。所以每一個小我都不斷在為生存而掙扎，試圖保護和擴大它自己。為了要維護「我—思想」，它需要一個相對的思想——他人。概念上的「我」，如果沒有一個概念上的「他人」，就無法存活。當我視這些「他人」為敵人時，他們是最與我分離的。在這個無意識小我模式天平的一端，是小我強迫性責怪、埋怨別人的習慣。耶穌對此也曾說過：「為何你只看見你弟兄眼中之刺，而看不到自己眼中的梁木呢？」在天平的另一端，則是個人之間的暴力行為和國家之間的戰爭。在聖經中，耶穌問的這個問題從未得到回答，但答案當然應該是：因為當我批評或責怪他人時，我覺得有優越感，也比較強大。

抱怨與怨恨

抱怨是小我最喜歡用來壯大自己的伎倆之一。每個抱怨都是心智製造的小故事，讓你對它深信不疑。無論你是大聲抱怨，還是在腦海中抱怨都一樣。有些找不到太多對象可以認同的小我，只憑著抱怨便可以輕易生存。當你被這種小我牢牢掌握，抱怨，尤其是對他人的抱怨，就成爲一種習慣，當然，也是一種無意識的習慣，也就是說，你並不知道自己在做什麼。爲他人貼上負面的心理標籤，無論是當著他們的面，或更常見的是在其他人面前蜚短流長，或者光在心裡這麼想，都是抱怨行爲模式的一部分。罵人就是這種貼標籤，以及小我尋求理直氣壯、凌駕他人的行爲當中，最粗俗的一種——「笨蛋、混蛋、婊子」，如此斬釘截鐵的判定，讓人無力辯駁。這個無意識行爲尺度的下一個層次，就是叫囂、痛罵，緊接著就是暴力行爲了。

怨恨是伴隨著抱怨和爲人貼標籤而來的情緒，它會爲小我增加更多能量。怨恨就是感到苦惱、憤慨、委屈或是受侵犯。你會因爲他人的貪婪、不誠實、不正直、現在的作爲、以前做過的事、說過的話、未能達成的事、應該做或不應該做的事，而心懷怨恨。小我最愛這一套了。你不但沒有忽視他人的無意識，反而還把它變成他們的身分。是誰在這麼做？就是你內在的無意識，也就是小我。有時候，你在別人身上看到的「錯誤」其實根本不存在，它完全是個誤解，是受到制約的心智爲了樹敵，爲了顯示自己是對的或是較爲優越的，而投射出來的。有些時候，這種他人的錯誤可能確有其事，但是你愈聚焦於它，就會愈擴大它，有時甚至排除了所有其他事物。你對他人內在事物所產生的反應，會強化你自己內在同樣的事物。

對他人內在的小我不予反應，是讓你超越自身小我，同時化解人類集體小我最有效的方法之一。但是，只有當你能夠辨認出他人的行爲是出於小我，亦即出於人類集體功能失調的一種表現時，你才可能眞正處於「不予反應」的狀態。當你明白他人的行爲不是衝著你來的，你原先想要反應的那股衝動就消失了。若對小我不予反應，你就能夠時常啓發別人內在健全的心態，所謂健全的心態，就是不被制約的意識，而非被制約的意識。有時候，你或許會採取一些實際行動，以保護自己不受無意識者的侵害，但是當你這麼做的時候，毋須將他們變成敵人。然而，你保護自己最好的方式，就是保持意識臨在的狀態。當你把別人的無意識（也就是小我）看成是針對你個人時，就會把對方視爲敵人。不予反應不是示弱，反而是顯強。不予反應的另一種表達詞彙是寬恕。寬恕就是忽略，或是看穿。當你看穿了小我，就能夠直視每個人內在都具有的本質——健全的心態。

小我喜歡抱怨、喜歡感覺怨恨，不僅針對個人，也會針對處境。你針對他人所產生的反應，也會用在處境上，也就是把處境視爲敵人：這種情況是不應該發生的；我不要在這裡；我不要做這件事；我受到了不公平的待遇。當然，小我最大的敵人就是「當下時刻」，也就是生命本身。

提醒別人他們所犯的錯誤或不足之處，以促其改進，和抱怨是兩碼子事，不可混爲一談。避免抱怨不盡然就是必須忍受不好的品質或行爲。當你請服務生加熱冷湯時，小我並不存在你的話語之中——只要你謹守事實，而事實永遠是不偏頗的。「你竟敢上冷湯給我……」這就是抱怨了。在這句話裡，有一個樂於被一碗冷湯刻意侮辱的我，而且還打算利用這個機會大肆渲染，這個「我」也十分享受指責別人犯錯的樂趣。這裡所討論的抱怨是爲小我服務的，而不是眞的爲了要「改變」什麼。有時候很明顯地，小我並不是眞的想要有所改變，因爲這樣它才能繼續抱怨個不停。

看看你是否能抓住（也就是去注意）那個腦袋裡的聲音，也許就在它開始抱怨的時候，辨識出它的眞實身分：小我的聲音。它不過是一個被制約的心智模式，一個念頭罷了。當你注意到那個聲音時，你也會了解，其實你並不是那個聲音，而是覺察到那個聲音的人。事實上，你就是覺察到那個聲音的覺知。在背景當中，有覺知的存在；而在前臺，則是那個聲音，那個思考者。如此一來，你就從小我中獲得釋放，也從那個未受觀測的心智中釋放出來了。從你覺察到內在小我的那一刻起，嚴格來說，它就不再是小我，而只是一個舊有的、被制約的心智模式。小我指的就是無覺知。覺知和小我無法共存。舊有的心智模式或習慣可能還是會在一段時間內存活並重現，因爲它有著幾千年以來人類集體無意識的動能在背後撐腰，但是它每被辨認出來一次，就會被削弱一次。

情緒反應和怨氣

通常，怨恨是伴隨著抱怨而來的情緒，但它也可能帶來另一股更強烈的情緒，例如怒氣或其他形式的苦惱。如此一來，它的能量負荷就會愈來愈高，抱怨就會變成較爲激烈的反應，這是小我用來強化它自己的另一種方法。很多人隨時都在等待下一件讓他們產生情緒反應、讓他們感到苦惱或煩擾的事，而通常要不了多久，他們就會如願以償。「這眞是太過分了。」他們說。「你竟敢……」「我最痛恨這種事了。」他們對苦惱和憤怒上了癮，就像有些人對用藥上癮一樣。經由對周遭事物的激烈反應，他們堅定並且強化了自我感。

一股長存於心的怨恨稱爲怨氣。心存怨氣就是處於一種長久的「對抗」狀態，這也就是爲什麼怨氣是組成很多人小我主要部分的原因。集體怨氣可以在一個國家或民族的心靈中長存數百年，並且助長永不止息的暴力循環。

怨氣是一種與遙遠的過去事件有關的強烈負面情緒，那件過去的事得以持續存在的原因，是因爲人們強迫性思考、不斷在腦中重現事情的經過，或是大聲對人述說「某某人對我做了些什麼」，或「某某人做了什麼對不起我們的事」。怨氣同時也會污染你生命的其他領域。比方說，當你想到或感覺到怨氣時，它的負面情緒能量就會扭曲你對某件當下正在發生之事的看法，或是影響你現在跟某人說話和互動的方式。一股強烈的怨氣足以污染你生命的絕大部分，而且讓你在小我的掌控下動彈不得。

你必須誠實以對，才能知道你是否還在豢養怨氣，或是生命中是否還有你無法完全原諒的人，也就是所謂的「敵人」。如果是這樣的話，請你在思想和情緒層面去覺察那股怨氣，也就是說，去覺知那個讓怨氣存活的思想，同時，去感受你的身體對這些思想的反應，也就是你的情緒。不要試著放下那股怨氣。**試圖**去放下、去寬恕，是沒有用的。當你明白怨氣只會加深虛假的自我感、讓小我繼續存活，此外別無他用時，寬恕自然會產生。只要看見了，就能釋放。

耶穌的教誨中說道：「寬恕你的仇敵」，其實就是去消除人類心智中小我的主要結構。

過去的事無法阻止你在當下保持臨在，只有你對過去的怨氣能夠阻止你。那麼到底什麼是怨氣呢？它就是舊有思想和情緒的包袱。

我是對的，讓別人錯

抱怨、挑毛病和過度反應都會加深小我賴以存活的界限感和分離感。這些態度也會藉由另外一種方式強化小我：給予小我賴以茁壯的優越感。抱怨交通阻塞、政客、貪婪的有錢人或懶惰的失業者，抱怨你的同事、前妻、前夫或其他男男女女，並不會讓你立刻明白抱怨如何能夠帶來優越感。那麼，這個優越感從何而來呢？其實，當你抱怨的時候，你是在暗示你是對的，而你所抱怨或反感的對象或情況是錯的。

沒有任何東西比「我是對的」更能強化小我。「我是對的」就是認同一種心態——一個觀點、一個意見、一個評斷或一個故事。當然，爲了讓你覺得自己是對的，就必須讓他人變成錯的。所以，小我喜歡讓他人是錯的，好讓自己變成對的。換句話說，你必須讓他人錯，才能獲致更強烈的自我感。不僅針對人，經由抱怨和反應，有時也會讓某種情況變成是錯的，言外之意就是：這種事情不應該發生。「你是對的」將你放置在一個幻想的道德優越感上，優於那個正被你批判和需要的人或是情況。小我渴望的就是這種優越感，經由它，小我壯大了自己。

與幻相抗衡

事實的存在是毋庸置疑的。如果你說：「光速比音速快。」而另一個人抱持相反的說法，那麼，顯然你是對的，他是錯的。只要觀察閃電比雷聲先到的現象，就可以確認這個事實。所以不但你是對的，而且你確信你是對的。有沒有任何小我參雜其中呢？也許有，但卻不必然。如果你只是簡單地陳述你認爲是眞的事實，小我並不包含在其中，因爲在此並沒有認同的問題。認同什麼呢？認同心智和一個心理立場。然而，這種認同很容易就會滲透進來。如果你說，「相信我啦，我確定。」或是「爲什麼你從來不相信我？」那麼小我就已經滲透進來了。它藏身在「我」這個不起眼的字後面。一個簡單的陳述：「光速比音速快」，即使是千眞萬確的，現在卻已經被用來服侍那個幻相（小我）了。這個事實已經被那個「我」的虛假感所污染，變成是針對個人，也成爲一種心理立場。由於有人不相信「我」說的話，那個「我」就感覺被貶低或被冒犯了。

小我覺得每件事情都是衝著它來的，情緒因此而起，防衛性心理，甚至攻擊性都會出現。你是在防衛眞理嗎？並不是，在任何情況下，眞理都不需要防衛。光，或是聲音，根本不在意你或其他人心裡是怎麼想的。你只是在防衛你自己，或者說，你是在防衛那個自我的幻相，一個心智製造的替代品。也許這麼說更正確：這個幻相在防衛它自己。如果如此簡單而直截了當的事實範疇，都會導致小我的扭曲和幻覺，那麼，更抽象範疇內的意見、觀點和評斷這幾種念相，就更容易和自我感混淆了。

小我常常把意見、觀點與事實搞混。尤有甚者，它根本分不清楚某件事情本身和它對事情的反應這兩者之間的差異。每個小我都是「選擇性認知」和「歪曲理解」的大師。唯有經由覺知，而非思考，才能分辨事實和意見的不同。只有經由覺知你才能認清：在那一端是境況本身，而在這一端是我對它產生的憤怒，然後你才會明白，還有其他方式可以處理、看待和交涉這件事情。只有經由覺知，你才能看見某件事情或某個人的全貌，而不會採取一個受限的認知角度。

眞理：相對或是絕對的？

除了簡單而且可驗證的事實範疇之外，堅持「我對你錯」對人際關係及國家、種族和宗教間的互動來說，是一件很危險的事。

但如果這種「我對你錯」的信念是小我強化它自身的一種方式，如果「你對，而別人錯」

是讓分離與衝突永存於人類社會的一種心理功能失調的話，這是否意味著世上沒有所謂對與錯的行為、行動或信念呢？而這是否就是被某些當代基督教教義視為這個時代最大惡魔的「道德相對論」呢？

當你相信擁有唯一眞理，也就是說，當你認為自己是對的時候，就會腐化你的行為和行動，而走向瘋狂，整個基督教歷史就是這種情形最好的例子。幾百年來，虐待和焚燒活人的行為被視為「對」的，即使只是因為這些人的意見與教會教條及文獻的褊狹解釋（也就是所謂的「眞理」）稍有不同，這些受害者就是「錯」的。而且他們錯得如此離譜，所以必須受死。眞理竟然比人命來得重要，那麼這種所謂的眞理又是什麼呢？它只是你不得不相信的一個故事，也就是說，不過是一堆思想罷了！

被柬埔寨的瘋狂獨裁者波帕下令處決的一百萬人中，包括了所有戴眼鏡的人。為什麼呢？因為對他來說，馬克思闡釋的歷史就是絕對眞理，而根據馬克思的觀點，戴眼鏡的人屬於中產階級知識分子，也就是剝削農民的人。他們必須被消滅，好讓新的社會階級能夠出現。他所謂的眞理，不過就是一堆思想罷了！

道德相對論是一種信念，認為世上並沒有絕對的眞理可以指導人類的行為，所以，天主教和其他教會將道德相對論視為我們這個時代的大惡魔，其實是正確的。但是，你無法在絕對眞理不存在之處尋求眞理，例如在教條、意識形態、制定的教規或流傳下來的故事之中。這些東西的共通之處是什麼呢？它們都由思想組成。思想最多只能指向眞理，但它本身永遠不會是眞理。這就是爲什麼佛教徒說：「指向月亮的手指不是月亮。」所有宗教都是對的，也都是錯的——就看你如何使用它們。你可以用它們來服侍小我，也可以用它們來爲眞理服務。如果你堅信只有你的宗教才是唯一的眞理，那就是用它在服侍小我。當你這樣利用宗教，它就變成一種意識形態，同時產生了虛幻的優越感，以及人與人之間的分離和衝突。但是當宗教教義用來服侍眞理時，它就像是覺醒的先知們留傳後世，以幫助你走向靈性覺醒的路標或地圖，而靈性覺醒指的就是從與形相的認同中解放。

其實世上只有一個絕對眞理，其他的眞理都是從它衍生出來的。當你能夠找到那個眞理時，你的行動將會和它一致。人類行爲反映的不是眞理就是幻相。眞理可以用文字描述嗎？可以，不過這些文字當然不是眞理本身，文字只能指向眞理。

眞理與你的本質（who you are）是無法分開的。是的，你**就是**眞理。如果你只在他處尋求，那麼每一次都會被誤導。你原本即是的那個本體，就是眞理。耶穌曾試著傳達這個意思，他說：「我就是道路、眞理和生命。」如果能夠正確理解，那麼出自耶穌之口的這些話，就是導向眞理最有力、最直接的指標。然而，如果被誤解了，它就會成爲最大的障礙。耶穌提到內在最深處的那個本我（I Am），即是每個人（無論男女）都具有的本質身分，事實上，所有的生命形式也都有。他談到了你本即是的那個生命，有些基督教的神祕學派稱它爲內在的基督，佛教徒稱它爲你的自在佛性，印度教則把它叫做生命之源（Atman）——常駐內在的神。當你和那個內在向度有所接觸時（實際上，和它有所接觸應該是你的自然狀態，而不是奇蹟般的成就），你所有的行動和人際關係都會反映出你內心深處感受到的、與所有生命的合一，這就是愛。律法、誡命、規條和制度只對那些和自我本質（內在眞理）分離的人來說有其必要，這些律法、制度是要防止小我過度膨脹，但是卻常常失敗。「做你愛做的事，愛你做的事。」聖奧古斯丁這樣說。這是言語所能表達、最接近眞理的說法了。

小我與個人無關

在集體的層面來說，「我們是對的，他們是錯的」這種心態，在世界上某些地區特別根深柢固。在這些地方，兩個國家、種族、部落、宗教或意識形態之間的衝突是長久、極端而且是區域性的。衝突的雙方都認同於他們自己的觀點，自己的「故事」，也就是說，與他們的思想認同。雙方都無法了解，不同的觀點或另一種版本的故事也可能存在，而且同樣有理。以色列作家哈樂維談到了包容「對立表述」的可能性，但是在世界上很多地區，人們還無法，或是不願意這麼做。雙方都認爲自己擁有眞理，雙方都認爲自己是受害者，而對方是「惡魔」，因爲他們都把對方概念化了，從而敵化對方，否定對方的人性，因此他們可以殺害對方，在對方身上加諸各種暴力，甚至連孩童都不放過，而絲毫感受不到對方的人性和痛苦。這些人受困於瘋狂的循環當中：侵略與報復、行動和反抗。

在這裡我們很明顯地看到，人類的小我在集體狀態下——「我們」與「他們」的對抗，比個人的小我——「我」，更加瘋狂，不過兩者背後的機制是一樣的。目前爲止，人類相殘之中最爲嚴重的暴力不是罪犯或喪心病狂者造成的，而是正常、受人尊敬的公民爲了服侍集體小我而做出來的。這麼說也不爲過：在這個地球上，「正常」就等於瘋狂。這瘋狂底下的根源到底是什麼？答案是：完全與思想和情緒認同，也就是說，與小我認同！

貪婪、自私、剝削、殘酷和暴力在這個星球上仍然無所不在。如果你不能體認這些事情就是內在功能失調，或心智疾病在個人和集體上的一種彰顯的話，那麼你就犯了將它們個人化的錯誤。你會爲某個人或某些團體建構一個概念上的身分，然後說：「這個就是他。那個就是他們。」當你把在他人身上看到的小我和他們的身分混爲一談時，就是你的小我打算利用這個誤解來強化自己，而強化它自己的方法就是：讓自己是對的，進而比他人優越，還有就是以譴責、憤慨或較常用的怒氣來對抗那個假想敵。對小我來說，這些都能讓它獲得極大的滿足。它加強了你和別人的分離感，那個「排他」的感覺被擴大到一個程度，使你再也無法感受你們共同的人性，也感受不到其實你和其他人都源自於至一生命，也就是你們共同的神性。

在他人身上，使你產生最強烈反應，同時讓你誤以爲那就是他的身分的特定小我模式，與你內在的小我模式可能是相同的，只是你無法或無意從內在去感受它。因此，你其實可以從你的敵人身上獲益良多。他們身上有什麼是讓你覺得最生氣、最煩擾的？是他們的自私？貪婪？權力和掌控他人的欲望？是他們的虛情假意、欺騙、暴力傾向或其他你不喜歡的特質？別人身上那些讓你感到厭惡且反應激烈的特質，你身上也都有。但是，那只不過是小我的一種形式，就其本身而言，它與個人完全無關。它與那個人是誰無關，它也和你是誰（你的本質）無關。只有當你誤認它就是你自己時，在你之內觀察它才會危害你的自我感。

戰爭是一種心態

在某些情況下，你也許會想要保護自己或某些人，以免受他人傷害，但是，小心別讓它變成所謂「掃除惡魔」的任務了，因爲你很可能也會變成你正在抗爭的對象。對抗無意識，會將你帶入無意識的自我之中。無意識，也就是功能失調的小我行爲，永遠不會因爲外來的攻擊而消滅。即使你打敗了你的對手，無意識還是會轉移到你身上，而你的對手會以另外一種形式重新出現。無論你對抗的是什麼，你的對抗都會讓它更強大；無論你抗拒的是什麼，它都會持續。

最近這些日子，我們常會聽到「反某某戰爭」的表述，然而，不論我聽到的是什麼，我知道它注定會失敗，例如那些對抗毒品、犯罪、恐怖分子、癌症、貧窮等等的戰爭。舉例來說，即使發動了反犯罪和反毒品戰爭，在過去二十五年間，罪犯和毒品相關的違法行爲仍然大幅增加。一九八〇年，美國監獄的囚犯人數不到三十萬人，到了二〇〇四年，卻增加到令人咋舌的兩百一十萬人。而對抗疾病的戰爭，爲我們帶來包括抗生素在內的一些東西，起先這些藥物極端成功，好像眞的幫助我們戰勝了傳染病，但現在，很多專家都同意，抗生素的普及和濫用已經投下了一顆定時炸彈，對抗生素已經產生抗藥性的各種病毒（所謂的超級病毒），很可能會導致這些疾病捲土重來，並且造成大流行。根據《美國醫藥學會月刊》報導，醫療處置是美國社會的第三大致死原因，僅次於心臟病和癌症。順勢療法（homeopathy）和中醫是兩種可能的替代療法，它們並不把疾病視爲敵人，因此，也不會再製造新的疾病。

戰爭是一種心態，所有從這個心態衍生的行動，要不就是強化了敵人（被視爲惡魔的一方），要不就是，即使贏了這場戰爭，反而創造出另一個新的敵人——和被打敗的對手同樣等級，甚至更邪惡的惡魔。你的意識狀態和外在實相之間，有一個非常深的關連。當你被類似「戰爭」這種心態掌控時，你的認知能力不僅變得極端歧視，而且會被扭曲。換句話說，你只會看見你想看的，然後以錯誤的方式闡釋。你應該可以想像得到，從這種妄想式的思想體系所衍生的行動，會是什麼樣子。你也可以不去想像，只要看看今晚的電視新聞就知道了。

仔細辨識小我的眞面目：集體的功能失調，人類心智的病態瘋狂。當你能認出小我的眞面目時，就不會將它誤以爲是某個人的身分了。一旦你看出了小我的眞貌，就不會輕易對它產生反應，也不會認爲它是衝著你來的，那就不會再有抱怨、責難、控訴或是怪罪了。沒有人是錯的，只是某個人內在的小我在作祟罷了。當你能夠明白人們或多或少都是爲心智裡的這個相同疾病所苦的時候，慈悲心就油然而生了。你就不會再去助長小我人際關係中的戲劇事件

（drama）。助長是什麼意思呢？就是去反應。小我就是因它而興旺的。

你要平安還是戲劇事件？

你要平安。沒有人不要平安的，但是在你之內卻有別的東西想要戲劇事件，想要衝突。你此刻可能無法感受得到，可能需要藉由某件事的發生，甚或只是一個思想，來觸動你內在的反應，例如有人對你多方責怪、不認同你、侵犯你的領域、質疑你做事的方法、在金錢上跟你產生爭執等等。這個時候，你是否感受到那股湧向你的巨大力量——那可能隱藏在憤怒或敵意之後的恐懼？你是否能夠聽到自己的聲音變得嚴厲或尖銳，或者變成很大聲且低八度？你是否能夠覺知到你的心智立刻衝上前去護衛它的立場，自圓其說，攻擊或責怪對方？換句話說，你是否能在那一刻的無意識中覺醒？你是否感受到自己內在的某處正在交戰，它覺得遭受威脅，而且想要不計一切代價地求生存，它需要這個戲劇事件，以便聲明它的身分——這場戲劇性演出中的勝利者角色？你是否可以感受到內在的某個部分，寧要公道不要平安？

超越小我：你的眞實身分

當小我在交戰時，你要明白它只不過是一個爲了生存而抗爭的幻相，那個幻相認爲它就是你。一開始就想成爲「觀察的臨在」並不容易，尤其是當小我正處於掙扎求存的狀態，或是源自過去的某種情緒模式被觸動了，但是只要你嘗試了一次，你的臨在力量就會加強，小我也會失去對你的掌控。而此時，就會有一個比小我和心智更強大的力量進入你的生活。如果想從小我之中解放，只需要對它有所覺察，因爲覺知和小我是無法共存的。覺知是隱藏在當下時刻的力量，所以我們也可以稱它爲臨在。人類存在的最終目的，或者說，你的人生目的，就是要把這股力量帶到世界上來。這也是爲什麼想要從小我之中獲得解放這件事，不應該被設定爲未來某個時間點該達成的目標，因爲只有臨在才能將你從小我之中解放，而你也只能在當下的時刻臨在，不能在昨天或明天。唯有臨在可以化解你內在的過去，因而轉化你的意識狀態。

什麼是靈性的領悟？就是相信你是一個靈性的存在嗎？不是的，這種相信只是一個想法，這個想法只比你相信出生證明上說的那個你就是你的那個想法，更接近眞相一點點而已，但它仍然只是一個想法。靈性的領悟就是清楚地看見：我所感知、經驗、想到、感覺到的，最終都不是我，我無法在這些稍縱即逝的東西當中尋找到我自己。佛陀應該是人類當中第一個看清楚這個事實的，因此「無我」（**anata**）就成了他教誨的中心思想之一。而當耶穌說，「否認你自己」，他的意思是：去除（化解）自我的幻相。如果這個自我——小我——是眞正的我，那麼否認它就是一件很荒謬的事。

認知、經驗、思想和感覺在意識之光中來來去去，而眞正存留下來的，只有意識之光。這就是本體，也是較深層的、眞正的我。當我了解到自我的眞相時，在生活當中發生的事情都是相對重要，而不是絕對的了。我還是尊崇這些事情，但它們已經不再讓人感到絕對地嚴肅和沉重。最終，唯一重要的就是，在我生活的背景中，我是否能夠時時感受到我本質上的本體存在感，也就是所謂的「我本是」？更正確的說法就是：我是否能在此刻感受到「我即我本是（I Am that I Am）」？我是否能夠感受到我本質上的身分就是意識本身？還是我會在眼前發生的事情、我的心智和這個世界當中迷失自己？

所有結構都是不穩定的

無論以何種形式顯現，小我背後那個無意識的驅動力，都是爲了強化我自以爲我是的形象——那個虛幻的自我。當那個既是祝福又是詛咒的思想開始接管我們，遮蓋了我們與本體、源頭和神連結時所產生的簡單而深遠的喜悅時，虛幻的自我就成形了。無論小我顯現出來的行爲是什麼，背後潛藏的驅動力始終都是：渴望出類拔萃、與衆不同、享有掌控；渴望權力、受人關注、獲得更多。當然它同時也渴求分離感，也就是說，它需要對抗、需要敵人。

小我始終需要從他人或某種情況中得到一些東西。它始終別有目的；總有「還不夠」、不足，以及匱乏的感覺需要得到滿足。它利用人們和各種情境來得償所需，然而即使達到目的了，它也不會滿足很久。小我的目標時常受到挫折，而陷入「我想要」和「現實狀況」兩者的落差之中，這經常成爲煩惱和痛苦的來源。時下流行的經典名曲〈（我無法得到）滿足〉（*I Can't Get No) Satisfaction*）就是一首小我之歌。掌控小我所有活動的情緒根源，就是恐懼：擔心成爲無名小卒的恐懼、擔心銷聲匿跡的恐懼、害怕死亡的恐懼。所有小我的活動最終都是爲了要消除這個恐懼感，但是，它最多只能以發展親密關係、獲取新的財物或贏得各種勝利，而暫時遮蓋恐懼。幻相是永遠無法滿足你的。只有當你了解自身本質的眞相時，才能從眞相中獲得自由。

人爲什麼會恐懼？因爲小我是藉由認同外在形相而升起的，它也深切了解：所有形相都是無常且稍縱即逝的。因此，小我一直被不安全感圍繞著，即使它的外表看起來是那麼信心十足。

有一次，我和朋友在加州馬里布附近一處美麗的自然保護區散步，看到一棟鄉村度假別墅的遺址，它是在幾十年前的大火中燒毀的。當我們走近那棟滿布樹木和美麗植物的建築時，小徑旁的公園管理處告示牌上寫著：「危險，所有結構都不穩定。」我對我的朋友說：「這眞是寓意深遠的箴言。」我們站在那兒，心中滿是敬畏。一旦你了解並接受所有結構（形相）都是不穩定的（即使看起來堅固無比的物質），那麼平安就會在你之內升起。因爲當你體認到所有有形之物的無常時，你就會覺醒，並且進入你內在的無形世界，它是超越死亡的。耶穌稱它爲：「永遠的生命」。

小我對優越感的需求

你可以在他人身上，更重要的是在你自己身上，觀察到小我很多細微且容易被忽略的表現形式。記住，當你覺知到內在小我的那一刻起，所浮現的覺知就是超越小我的你的本質（who you are）——也就是更深層的「我」。辨識出假相就表示眞相於焉而生。

比如說，你正打算告訴某人一則剛發生的新聞。「猜猜看發生什麼事了？你還不知道嗎？我來告訴你吧！」如果你夠警覺、夠臨在的話，你可能在正要宣布這則新聞之前，感受到自己內在的短暫滿足感，即使這是一則壞消息。這是因爲在小我眼中，那一刻你和他人之間產生了施與受的不平衡狀態：在那短短的一刻，你知道的**比別人多**。那個滿足感來自小我，而且是源自於你感覺到你的自我感此刻比別人強。即使對方是總統或教皇，你在那一刻有更多的優越感，因爲你知道的**比別人多**。很多人對八卦特別上癮，就是因爲這個緣故。不但如此，八卦通常帶著對他人惡意的批評和判斷，因此它也經由一個暗喻的（卻是幻想出來的）道德優越感來強化小我——每當你對某人有負面評價時，就會產生這種優越感。

如果有人擁有較多、知道較多，或能做得較多，小我就感覺備受威脅，因爲和他人相較之下「較少」的感受，會縮減它虛擬的自我感。它可能會試圖藉由削減、批評、藐視其他人擁有的財產、知識或能力的價值，來修復自己。如果對方在大眾眼中是重要人物，小我也許會採取不同的伎倆——與其和對方競爭，不如藉由和他攀上關係來增強自己。

小我和名聲

眾所周知的「攀親帶故」現象（就是不經意提到你認識某某人），是小我用來在他人和自己眼中獲取身分優越感的策略，這種優越感來自與某位「重要人士」的牽連。在這個世界上，成名的害處就是你的本質會完全被一個集體的心理形象所掩蓋。大部分碰到你的人，都想經由與你交往來強化他們的身分——也就是他們心理形象中的自己。他們自己可能都不知道，他們其實對你一點興趣也沒有，只是想藉由你來增強他們終究是虛構的那份自我感。他們相信經由你，他們可以成爲更多。他們是在利用你成就自己，或是這樣說：他們眼中的你，只是那個名人的心理形象，一個超現實的、集體概念上的身分。

對於名氣的過度荒謬推崇，只是小我在這個世界上眾多瘋狂表現之一。有些名人犯了同樣的錯誤，而與集體幻相產生認同，這個幻相也就是人們和媒體爲這些名人創造的形象，而他們也眞的開始覺得自命不凡、高人一等。結果，他們與自己及他人的距離愈來愈遙遠，愈來愈不快樂，愈來愈依賴持續不墜的知名度。圍繞在他們四周的，只有那些能夠餵養膨脹他們自我形象的人，因此，這些名人無法擁有眞正知心的人際關係。

愛因斯坦被大家幾乎當成超人崇拜，因而理當成爲世上最有名的人，但是他從來不認同集體心智爲他創造的形象。他還是非常謙虛，沒有小我。事實上他說過：「人們認爲我具有的成就和能力，跟我眞正的本質和能力所及之間，有著可笑的矛盾。」

這就是爲什麼有名的人很難與他人建立眞誠的關係。眞誠的關係是不會被小我的形象製造和自我追尋所操控的。在眞誠的關係中，應該有開放、警覺的注意力自然地流向對方，而在其中沒有任何形式的需索。那種警覺的注意力就是臨在，它是任何眞誠關係的必要條件。小我要不就是一直在索求什麼，要不就是如果它認爲從對方身上已經得不到什麼了，就會很明顯地變得冷漠：它根本不在乎你。因此，在小我關係中最主要的三個狀態就是：需索，受挫的需索（憤怒、怨恨、責怪、抱怨），以及漠不關心。

4 角色扮演——小我的多重面貌

當小我需要從他人獲取或迴避什麼時，通常會扮演一些角色來滿足它的需求。這些需求可能是想在物質上有所獲，想要感覺有權力、優越或特殊，或者追求其他形式的滿足——無論是生理上的還是心理上的。通常人們對於他們所扮演的角色是毫無覺知的，因爲他們自己與那些角色合一了。有些角色比較隱而不宣，有些角色則非常明顯，只有扮演角色的人自己毫不知情。有些角色只是爲了得到別人關注而設計的。小我因他人的關注而成長茁壯，因爲別人的關注畢竟是一種心靈能量。小我不知道所有能量的來源都在自己之內，所以它在外面尋求。小我所尋求的不是「臨在」那種無形關注，而是某種外在形式的關注，像認可、讚賞、仰慕或任何形式的注意，好讓人承認它的存在。

一個害羞而害怕他人關注的人並不是沒有小我，而是有一個矛盾的小我：既需要又害怕他人的注意。他害怕的是關注會以不認同或批判的形式呈現，也就是說，不但不能增強小我，反而會貶低它。所以這個害羞的人對於關注的恐懼，就超過他對關注的需求。害羞通常伴隨著非常負面的自我認知，也就是認為自己不夠好。任何自我認知——為自己貼上的各種標籤——都是小我，無論主要是以正面的（我最棒了！）還是負面的（我一無是處！）方式展現。在每個正面的自我認知之後，都暗藏了深怕自己不夠好的恐懼；在每個負面的自我認知之後，則暗藏了想要一枝獨秀或凌駕他人的欲望。看起來非常自信，而且不斷追求優越感的小我，後面卻是無意識地對自卑的恐懼。相反地，在害羞、覺得自己不夠好的小我自卑情結背後，卻有著對優越感的強烈渴望。很多人因他們接觸到的情況和人物不同，而在自卑感和優越感之間擺盪。對於內在，你所需要知道並且去觀察的就是：當感到比某人優越或自慚形穢時，那就是你內在的小我在作祟！

惡棍、受害者、愛人

有些小我在無法得到讚美或推崇的情況下，會選擇屈就於其他形式的關注，繼而扮演各種不同的角色以得償所願。如果得不到正面的關注，它們可能轉而選擇負面的，比方說，激起別人負面的反應，很多孩子的行為就是源自於此，他們故意調皮搗蛋以取得關注。當小我被活躍的痛苦之身觸動而擴大時，這種扮演負面角色的情況特別明顯。也就是說，過去累積的痛苦情緒會藉由經歷更多的痛苦來自我更新。在追求名聲的過程中，有些小我甚至不惜以犯罪手段來達到目的。這些小我藉由惡名昭彰和他人的唾棄來尋求關注，它們的心聲是：「請你告訴我，我是存在的，我不是無足輕重的。」這種病態的小我形式，只不過是正常小我較爲極端的版本。

有一種很常見的角色就是受害者，在這個角色中，小我尋求的關注就是同情或憐憫，或是他人對「我的」問題的興趣——「我和我的故事」。視自己爲受害者，是衆多小我形式中的一個要素，這些小我形式包括埋怨他人、受到攻擊、遭受侵犯等等。當然，一旦認同了那個自己在其中扮演受害者角色的故事，我是不希望故事終結的。因此每個治療師都知道，小我其實並不想要自己的問題獲得解決，因爲這個問題已經成爲它身分認同的一部分了。如果沒有人要聽我的悲慘故事，我可以在腦海中反覆講給自己聽，然後暗自神傷，我也因此有了一個身分：一個遭受生活、他人、命運或上帝不公平對待的人。它定義了我的自我形象，讓我成爲「某人」，而這就是小我所要的。

在很多所謂的「羅曼史」剛開始時，爲了吸引並留住小我視爲「可以讓我快樂、感覺特殊、滿足我所有需求」的那個人，角色扮演的遊戲是常見的。「我會扮演你要我演出的角色，而你也要扮演我讓你演出的角色。」對男女雙方來說，這是個無須明說，而且無意識的共同協議。然而，角色扮演是很辛苦的，所以這些角色無法無止境地扮演下去，尤其是一旦兩人開始一起生活以後。而當那個角色面具滑落之後，你看到了什麼？很不幸地，大多數的情況下，你看到的不是對方的眞實本質，而是遮掩了眞實本質的東西：卸除角色後赤裸裸的小我，還有它的痛苦之身，以及因索求不遂而產生的憤怒。這個憤怒多半又會導向配偶或伴侶，因爲他們無法移除你內心經年累月的恐懼和匱乏感，而這些恐懼和匱乏感其實是你的小我自我感中固有的一部分。

我們常說的「墜入愛河」，其實大多數的情況，是小我欲求和需求的強化。你對一個人上癮了，或者說，你對自己心目中那個人的形象上癮了。它和眞愛一點關係也沒有，眞愛之中是從無欲求的。西班牙文是最能誠實表達傳統之愛的一種語言：Te quiero的意思是「我要你」，還有「我愛你」。另外一種我愛你的表達方式「te amo」卻很少人用，因爲它的意思就是清清楚楚的「我愛你」，並不模稜兩可。或許這是因爲眞愛本來就難尋。

放下自我的定義

當部落文化進展至古文明時，某些特定功能便開始分派給不同的人：統治者、祭司、戰士、農夫、商人、工匠、勞工等等，階級體系於焉產生。通常每個人的功能是天生注定的，它決定了一個人的身分，也決定了他人對自己，甚至自己對自己的認定。功能變成了角色，但也不純粹是角色而已；功能變成了一個人的身分，或是對自己身分的認定。當時只有少數幾個存在，像佛陀或耶穌，能夠看出社會階級制度最終是無關緊要的，而且辨識出它是一種與外相的認同，而這種與受到制約且曇花一現事物的認同，會遮蓋了閃耀在每個人之內那未受制約且永恆不變的光芒。

在當前世界中，社會結構不如以往嚴謹，也沒有像以前那樣清楚的定義。當然，人們還是被環境制約，但是卻不再被賦予一個與生俱來的功能和隨之而來的身分。事實上在現代社會，愈來愈多人對自己該何所適從，人生的目的又是什麼，甚至自己到底是誰，都感到困惑。

當有人告訴我：「我不知道我自己是誰了。」我通常會恭喜他們。他們會很不解地問：「難道你覺得困惑是好事嗎？」我請他們去研究，困惑到底是什麼意思？「我不知道」不是困惑，困惑是：「我不知道，但我應該知道。」或是「我不知道，但我需要知道。」你是否可以放下「你應該知道，或需要知道你是誰」的信念呢？換句話說，你是否能放棄尋找一個概念上的定義以獲得自我感呢？你是否能夠停止用**思考**來取得身分認同呢？當你能夠放下你應該或需要知道你是誰的信念時，那份困惑會如何呢？頃刻間它消失了。當你全然地接受「你不知道」這個事實，你實際上是進入了一個平安清明的狀態，這個狀態是比思考更接近你眞正是誰。經由思想來定義你自己，其實是限制了自己。

既定的角色

當然，在這個世界上，不同的人有不同的功用，這是毋庸置疑的。智力和體能方面的能力——知識、技能、才幹和能量層次等——因人而異，眞正重要的不是你在這個世界上的功用是什麼，而在於你是否過於認同自己的功能，以致受其控制，並且讓它變成了你所扮演的角色。當你扮演角色時，你是無意識的。所以當你發覺自己正在扮演角色時，你的體悟就在你和角色之間創造了一個空間，而這正是從角色中獲得釋放的開始。當你完全認同一個角色時，就把一種行爲模式和你的本質混淆了，然後還會過於嚴肅地看待自己。你也會自然而然地指派角色給他人，好讓他們來配合你的角色。比方說，當你去看醫生，而那個醫生與其角色完全認同時，對他來說，你就不是人了，而只是一個「病號」，或只是一份病歷。

雖然當前的社會結構不如古代文明時期那麼嚴謹，但人們還是會與一些既定的功能或角色認同，繼而讓它們成爲小我的一部分。這使得人們的互動變得較不眞誠、無人情味且疏離。這些既定的角色也許給你一個有安慰作用的自我感，但是最終來說，你還是會在它們之中迷失自己。在階級制度明確的組織中，如軍隊、教會、政府機構、大型公司，人們很容易就拿他們的功能做爲角色認同。當你在角色中迷失自己，就不太可能有眞正的人際互動了。

我們可以稱那些既定的角色爲社會的原型。隨便舉些例子：中產階級的家庭主婦（不像以前那麼普遍了，不過還是很常見）；強硬陽剛的男性；眉眼勾魂的女子；離經叛道的藝術家或表演者；有文化素養的人（在歐洲常見的角色），這些人炫耀他們對文學、藝術、音樂的知識，就像其他人炫耀昂貴的服飾或名車一樣。還有一個相當普遍的角色：成人。當你扮演那個角色時，你把自己和生命都看得非常嚴肅，而自由自在、無憂無慮和歡樂都不屬於這個角色。

一九六〇年代起於美國西岸，然後蔓延至整個西方世界的嬉皮運動，就是源自於一些年輕人拒絕社會的原型和角色，同時也拒絕既定的行爲模式，以及奠基於小我的社會與經濟結構。他們拒絕扮演父母和社會強加在他們身上的角色。重要的是，當時嬉皮運動和恐怖的越戰是同步的。越戰中，超過五萬七千名美國青年和三百萬名越南人命喪戰場，這個事件讓大家看到了社會系統及其潛在心態的瘋狂。在一九五〇年代，大多數美國人都極力遵循某種特定的思想和行爲，而在六〇年代，好幾百萬人開始從集體概念的身分認同中撤離，因爲這個集體概念的病態瘋狂是如此明顯。嬉皮運動代表著迄今爲止，人類心靈中最爲嚴峻的小我結構已經開始鬆懈了。嬉皮運動逐漸由盛而衰，但它卻留下了一個開口，這個開口不僅僅是在參與運動的人們當中，還使得古老的東方智慧和靈性傳統得以轉移至西方，同時在全球人類意識的覺醒中扮演了重要的角色。

臨時扮演的角色

如果你夠覺醒也夠覺知，能觀察到你是如何與其他人互動的，你也許會覺察到，對於不同的人，你說話的方式、態度和行爲都會不同。剛開始，也許在別人身上觀察比較容易；然後，你逐漸可以在自己身上觀察到。你對公司老總說話的方式，也許和你對清潔工說話的方式有細微的不同，你對孩子說話的方式也和對成人不同。爲什麼呢？因爲你都是在扮演角色。無論是與公司老總、清潔工或孩子說話時，你都不是眞正的自己。當你到一家商店去買東西，或是當你進入一家餐館、銀行、郵局的時候，你會發現自己落入了一個既定的社會角色。你成爲顧客，說話和行動也就像個顧客，同時，那些扮演銷售人員或餐館服務生角色的人，也會把你當顧客來對待。既定範圍內被制約的行爲模式就在兩人之間進行，也因此決定了雙方互動的本質。在互動的，不是兩個人，而是兩個心理概念上的形象。人們愈是認同他們個別的角色，他們的人際關係就愈不眞誠。

你心裡那個形象，不但跟那個人是誰有關，也跟你自己是誰有關，特別是對於和你互動的那個人來說。所以你並不是和那個人來往，而是你心目中的自己，和你心目中的他在來往，對方也是。也就是說，你心智所創造的自我概念形象，與它所創造的另一個人的概念形象在來往。另外那個人的心智可能也在做同樣的事，所以兩人之間的小我互動，實際上是心智所製造的四個概念上的身分認同在互動，而這些身分認同最終都是幻相。難怪人際關係中有那麼多衝突，因爲這都不是眞正的人際關係。

手掌流汗的和尚

有一位叫關山的禪師，即將主持一個名門望族的喪禮。當他站在那裡等待省長和其他王公貴族到達時，他注意到他的手掌心因流汗而潮濕。

第二天他召集了所有弟子，坦承自己還未具資格成爲一位眞正的老師。他對弟子解釋說，他發現自己無法對所有人一視同仁，無論對方是乞丐或國王。他還是無法超越社會角色和概念上的身分認同，而眞正視衆生爲平等。於是他飄然離去，成爲另外一名大師的弟子。八年之後，他開悟了，並且回到原來的學生身邊。

角色中的快樂和眞正的快樂

「你好嗎？」「很棒！再好也不過了！」這是眞的，還是假的？

很多情況下，快樂是人們扮演的一個角色，在那個微笑的假相之後，其實暗藏許多痛苦。當不快樂被微笑的表相和光亮潔白的牙齒遮蓋、當你對他人（甚至自己）否認你很不快樂時，抑鬱、崩潰及過度反應都是常見的事。

「很好啊！」這在美國是小我經常扮演的角色。但在其他的國家，對一般人來說，感覺很差或看起來很糟糕是司空見慣的事，所以這種現象也比較被社會接受。也許有點誇張，但是我聽說在某個北歐國家的首都，如果你在街上對陌生人微笑，可能會被誤認爲是酒醉後的行爲而遭到逮捕。

如果你覺得不快樂，首先必須認可它的存在，但不要說：「我不快樂」（I am unhappy，直譯爲：我是不快樂的），不快樂和你是什麼沒有任何關係。你要說：「我內在有不快樂的情緒。」然後去探究它。你的不快樂可能跟你所在的情境有關，也許你需要採取行動改變這個情境或是抽身而出。如果形勢比人強，那就面對現實，然後說：「嗯，現在，就是這樣了。我不是接納它，就是會讓自己很慘。」不快樂的主要肇因從來就不是情境，而是你對它的想法。去覺察你所思考的內容，把你的想法和情境分開，情境就是情境，它永遠是不偏頗的。情境或事實在那裡，而你對它的想法在這裡。謹守事實，不要編造故事，比方說：「我完蛋了！」就是故事，它限制了你，使你無法採取有效的行動。「我銀行存款只剩五毛錢了！」就是事實，面對事實總會帶給你力量。注意去覺察：你所思所想的，在很大的程度上會產生你所感覺到的情緒。看到你的思想和情緒之間的連帶關係，不要讓自己變成你的思想和情緒，而是要成爲它們背後的那個覺知。

不要去尋求快樂。如果你尋求它，你是找不到的，因爲尋找這個動作和快樂是對立的。快樂永遠難以捉摸，但是從不快樂當中解脫是當下可及的，只要你願意面對現實，而不要依據事實來編造故事。不快樂遮蓋了你自然狀態下的福祉和內在的平安，而後者是眞正快樂的源頭。

爲人父母是角色，還是功能？

在和孩子說話時，很多成人都會開始扮演角色。他們使用一些孩子氣的字句和語調，以高姿態跟孩子說話，對孩子並不平等視之。你暫時知道的比孩子多或是你此刻比較高大的事實，並不意味孩子跟你就不平等。大多數的成人，一生當中總會有一段時間身爲父母，這是一個非常普遍的角色。而最重要的問題是：你是否能夠善盡父母的職能，而且游刃有餘，但又不與這個職能認同，也就是，不讓它成為你所扮演的一個角色？父母職能的一部分就是要照顧孩子的需要，防止孩子受到危害，以及有時要告訴孩子何者該為、何者不為。然而，當身為父母變成一種身分認同，而你的自我感全部或大部分從它而來的話，做父母的職能很容易會被過度強調、誇大，而且掌控了你。你對孩子的付出，可能超過他們所需，因而變成溺愛；想防止他們受到危害，也可能會變成過度保護，並且妨礙孩子自己去探索這個世界、嘗試不同事物的需要；告訴孩子何者該為、何者不為，最後可能會演變成控制、壓抑。

尤有甚者，由角色扮演而導致的身分認同，可能在孩子早已不需要那些特定功能之後，還繼續存留。甚至當孩子都已經長大成人了，父母還是無法放下身為父母的角色，他們無法放下被孩子需要的那種心理需求，即使他們的孩子已經四十歲了，父母還是沒有辦法放下這種觀念：「我知道什麼對你最好！」他們還是強迫性地扮演父母的角色，所以父母和孩子之間就不會有真誠的關係。父母靠這個角色來定義自己，所以當他們不再需要善盡父母職責時，他們無意識地害怕會失去身分認同。他們還是想要控制或影響已經成人的孩子行為，如果這個渴望受到阻礙（通常都會），他們會開始批評或表示不以為然，或是讓孩子感到愧疚，這些都是無意識的意圖，為的是要保有他們的角色、他們的身分認同。表面上看來，他們是關心孩子（他們也自認為如此），但他們真正關心的是能否保有自己所認同的角色身分。所有小我的動機都是為了加強自我及維護自我利益，而且有時候它偽裝得太好了，即使是小我在作祟的這個人本身都沒有覺察到。

一個認同於父母角色的母親或父親，有時也會嘗試藉由他們的孩子來讓自己更圓滿。小我為了填補恆常的空虛匱乏感，因而需要操控別人，這時孩子就會首當其衝。如果躲在操控孩子的強迫性衝動背後那些無意識的假設和動機，都被帶到意識層面並且公諸於世的話，可能八九不離十是：「我要你達到我不曾達到的成就；我要你在這個世界上揚眉吐氣，讓我可以藉由你揚名立萬。不要讓我失望。我為你犧牲了這麼多。我對你的不以為然就是有意讓你感到愧疚、不舒服，這樣你才會遵照我的意願行事。我當然知道什麼對你是最好的，這點毋庸置疑。我愛你，而且也會一直愛你，只要你做的是我認為對你有益的事情。」

當你把這種無意識的動機帶到意識層面時，你很快就可以看出它們是多麼可笑。在這些動機背後的小我此刻無所遁形，而且它的功能失調也顯露無遺。有些和我談過的父母會突然發現，「我的天哪，這就是我一直在做的嗎？」一旦理解你正在做或是已經做了一段時間的事情，你也可以看出它的徒勞無功，而那個無意識的模式就會自動結束。覺知就是最好的轉化媒介。

如果你的父母就是這樣對待你，千萬別跟他們說他們是無意識而且被小我掌控了，這樣做可能會讓他們更加無意識，因為小我會採取防衛立場。你能夠看出那是他們的小我，而不是真正的他們，就已經足夠了。小我的模式，即使持續了很久，當你的內在不再抗拒它們的時候，有時會奇蹟般地消失。抗拒只會給它們更新的力量。即使它們不消失，你可以用慈悲心來接納你雙親的行為，不需要對它們做出反應，也就是說，不需要認為這些行為是衝著你來的。

在此同時，你也要覺察到自己對於父母行爲的反應模式背後（通常都是根深柢固且習慣性的），有什麼樣無意識的假設和期待。「我的父母應該認同我的作爲。他們應該了解我，接納我的本來面目。」眞的嗎？爲什麼他們應該要這樣？事實就是：他們沒有這麼做，因爲他們做不到。他們進化中的意識，還沒有量子跳躍到覺知的層面。他們還無法不去認同他們的角色。「是的，但除非有他們的認同和了解，我無法對自己的本來面目感到快樂和滿意。」眞的嗎？他們認同你或不認同你，眞的會對你的本來面目造成差異嗎？所有這種沒有被審查過的假設，創造了很多負面情緒，還有很多不必要的不快樂。

要保持警覺。你心智中來來去去的思想，是否有些是來自你父親或母親，而且已經被你內化的聲音？它們會說：「你不夠好，你永遠不會有什麼成就。」或是以其他形式的批判或論斷出現。如果你有覺知，你就會認出這個在你腦袋裡的聲音就是一個被過去制約的舊思想。如果你有覺知，你不再需要去相信你所思考的每一個念頭。它只是一個舊的思想罷了，如此而已。覺知就意味著臨在，而只有臨在能夠化解你內在無意識的過去。

「如果你認爲自己已經開悟了，」拉姆．達斯（Ram Dass）說：「去和你父母住一個星期看看。」這是個非常好的建議。你和父母的關係不但是你最原始的關係——爲其他後來的人際關係設定了基調，它也是一個測試你臨在程度的好方法。在一份關係中，如果雙方過去有很多糾葛，那麼就必須更爲臨在，否則你們會被迫一而再、再而三地重演過去。

有意識地受苦

如果你有年幼小孩，盡可能給他們幫助、指導和保護，但更重要的是，要給他們空間——存在的空間。他們雖然經由你來到這個世界，但是你並不「擁有」他們。「我知道什麼對你是最好的」這種信念，在孩子很小的時候也許是對的，但是等到他們漸漸長大之後，就愈來愈不正確了。你對孩子的生活應該如何展開有愈多的期盼，你就會更加停留在你的心智中，而不是爲他們保持臨在。就像其他人一樣，他們終究會犯些錯誤，也會經歷某些形式的痛苦。事實上，從你的角度來看，他們可能犯了錯，但對你來說是錯誤的，對孩子來說，可能正是他們需要去做或是經歷的。盡可能給他們幫助和指引，但是要明白，有的時候還是要允許他們犯一些錯誤，尤其是在他們快變爲成人時。不但如此，有時你甚至還需要允許他們去受苦。他們的痛苦可能毫無理由，也有可能是他們自己犯錯的後果。

如果你能免除你孩子的所有痛苦，不是很棒嗎？不，不是的。如果不經歷一些苦難，孩子就無法進化爲成人，而且會很膚淺，只會與外在形式認同。受苦會驅使你往內心深處走去。矛盾的是，受苦是因爲認同外相造成的，但受苦也會減少對外相的認同；受苦大部分是小我造成的，但受苦最終會導致小我的隕滅。不過，你必須要有意識地受苦，這種情形才會發生。

人類注定是要超越痛苦的，但是小我可不這麼想。小我很多錯誤的假設之一就是（也是它衆多謬思之一）：「我不應該受苦」。有的時候這個思想還會轉移到與你親近的人身上：「我的孩子不應該受苦」。這個思想本身就是痛苦的根源。受苦其實有一個崇高的目標：意識的進化提升和小我的灰飛煙滅。十字架上受苦的那個人其實是一個原型的表徵，他代表著所有的男人和女人。只要你抗拒受苦，這個過程就會更加漫長，因為抗拒會製造更多小我來讓你消滅。然而，當你接受痛苦時，因爲你是有意識地受苦，這個事實就會讓那個過程加速進化。你能夠接受自己受苦，也可以接受其他人受苦，例如你的孩子或雙親。在有意識的受苦之中，轉化已然存在，受苦的熊熊火光就轉變成了意識之光。

小我說：「我不應該受苦。」這個思想會讓你更加受苦。它是對事實的扭曲，始終是自我矛盾的。事實上，你必須對受苦說：「是的！」然後才能超越它。

有意識地爲人父母

很多孩子對他們的父母暗藏了憤怒和不滿，主要原因就是彼此的關係不眞誠。無論父母是多麼有意識地在扮演好自己的角色，孩子內心深處都渴望父母和他們相處時，能夠像一個「人」，而不是在扮演角色。對你的孩子，也許你盡全力做好、做對了每一件事，但是這還不夠。**事實上，如果你忽視了本體（Being），你做（doing）再多都不夠。**小我對本體一無所知，而且深信藉由不斷地「做」，你最終會獲得拯救。如果你被小我掌控，你會相信藉由不斷地「做更多」，最終會累積足夠的「作爲」，讓你在未來的某個時間點覺得圓滿。事實不然，你只會在「做」之中迷失自己。我們整個人類文明已經在「做」之中迷失了，由於「做」並不是根植於「本體」，所以一切作爲都是無用的。

那麼，你如何把本體帶入繁忙的家庭生活，以及你和孩子的關係中呢？關鍵就是要關注你的孩子。關注有兩種，一種是我們稱之爲以外相爲基礎的關注，另外一種是無形的關注。以外相爲基礎的關注始終與「做」和「評價」有關：「你功課做了沒？吃晚飯！把你的房間收拾好！刷牙！做這個！不要做那個！快點準備好！」

接下來我們又要做什麼？這個問題基本上總結了很多人家庭生活的樣貌。以外相爲基礎的關注當然是有必要且正當的，但是如果你和孩子的關係僅止於此，那麼最重要的向度就丟失了，「本體」就完全被「作爲」蒙蔽，就像耶穌說的：「只關心世上的事」。無形的關注與本體的那個面向無可分割。它是如何運作的呢？

當你看著孩子、傾聽、碰觸或是幫助他們做一些事的時候，你要保持警覺、定靜，完全地臨在，除了當下時刻的本然面貌之外，不期盼任何其他的東西。這種方式會讓你創造一個屬於本體的空間。在那一刻，如果你臨在，你並不是一個父親或母親，你成爲傾聽、觀看、碰觸甚至說話的那個警覺、定靜和臨在。你就是那個在作爲背後的本體。

認出你孩子的本體

你是人（human Being），這句話是什麼意思呢？對生活的掌控不在於控制，而是在人性（human）和本體（Being）之間找到平衡。母親、父親、先生、太太、年輕、年老、你扮演的角色、你提供的功能、你做的任何事，都是屬於「人」的範疇。這個範疇有它自己的地位，並且需要得到尊崇，但是它的本身，對一個圓滿、眞正有意義的人際關係或生活來說，是不足夠的。無論你多麼努力嘗試，或是你的成就爲何，只有人性（human）是不夠的，你還需要本體。本體可以在意識本身的定靜和專注的臨在中求得，那個意識就是你的本質。人（human）是外相，本體則是無形無相的，兩者不可分割，而且相互交織。

就「人」的層面而言，你毫無疑問地比孩子優秀，因爲你比較高大、強壯，知道的較多，而且能做更多事。如果你所知道的只限於這個層面，當然會覺得比孩子來得優秀，即使是無意識的。而且，你也會無意識地讓你的孩子覺得樣樣不如你。在你和孩子之間沒有平等，因爲你們的關係當中只看外相，而單就外相而言，你們兩個當然不平等。你也許很愛你的孩子，但是你的愛只是人類的愛，也就是說，是有條件的、占有的、會間斷的。只有超越外相，在本體之內，你們才是平等的，而只有當你在自己的內在找到那個無形無相的向度之後，你們的關係才有眞愛存在。那個臨在中的你，那個永恆的本我，能夠在另一個人之中辨識出他自己。而對方（在這裡就是你的孩子），會感覺到被愛，也就是說，感覺到他的本體也被認出來了。

愛就是在他人之內辨識出你自己的本體，這樣一來，在純粹人類的範疇（外相的範疇）中，我們與他人都是獨立存在的這個幻相就昭然若揭。每個孩子都渴望被愛，其實是渴望被認可，不是在外相的層面，而是在本體的層面。如果父母認可的只是孩子的人類面向，而忽視本體的面向的話，孩子就會感到與父母的關係有所不足，缺乏一些絕對重要的事物，於是孩子心裡就會累積痛苦，有時甚至是無意識地對父母怨恨不滿。「爲什麼你不能認可我？」這似乎就是孩子痛苦或怨恨的心聲。

當其他人認出你的本體時，經由你們兩人，那份認可就把本體的向度更加完整地帶到這個世界來，那就是可以救贖這個世界的愛。我所說的這些，是針對你和你孩子之間的關係，當然，也同樣適用於所有人際關係。

我們常聽說「神就是愛」，但這並不是絕對正確。神就是至一生命，在無數的生命形式之內，卻又超越它們。而愛卻隱含著二元對立：愛和被愛，主體和客體。所以，所謂「愛」，就是在二元對立的世界中，辨識出合一，而這就是神在有形有相的世界中誕生了。愛使得這個世界不那麼世俗化，密度不那麼濃稠，也讓神聖的面向，也就是意識本身的光亮，更加從這個世界中通透出來。

放棄角色扮演

我們每個人在此要學習的生活藝術中，最重要的一門課就是：在任何情況下，做好你需要做的事，但不要讓它成爲你所認同的一個角色。如果你的行動都是爲了行動本身，而不是用來保護、加強，或是順從你角色的身分認同的話，那麼無論你做什麼，你的力量都會非常強大。每一個角色都是虛構的自我感，經由它，所有事都變成是針對個人的，而且還會被心智製造的「渺小我」（little me）和它當時扮演的角色給腐化和扭曲了。在這個世界上，有權力地位的人，像政客、電視人物、商業和宗教領袖，大部分都完全認同自己的角色，除了少數幾個特立獨行的例外。他們也許被視爲ＶＩＰ，但他們不過是小我遊戲中無意識的參與者，這個小我的遊戲看起來十分重要，但最終還是缺乏眞正的目的。用莎士比亞的話來說，它不過是「一個白痴訴說的故事，充滿了噪音和憤怒，無足輕重」。令人驚訝的是，莎士比亞沒有看過電視就能獲致這樣的結論。如果這個地球的小我戲碼有任何目的，這個目的也是間接的：在這個地球上創造更多痛苦，而雖然絕大多數的痛苦都是小我創造的，但它最終卻是會毀滅小我。痛苦就是用來燒盡小我的火焰。

在角色扮演的人格世界中，有少數人不會投射心智製造的形象到外界，他們是從較深入的核心本體來發揮自己的功能。他們只是簡單地做自己，不會妄自尊大（這些人有時甚至在電視、媒體和商業界出現）。他們如此出類拔萃，是眞的唯一爲這個世界帶來一些改變的人。他們會帶來新的意識，無論他們做什麼，都會獲得力量，因爲他們的作爲和整體目的一致。然而他們的影響卻遠超過他們的所作所爲，也遠超過他們的功能。他們單純地臨在——簡單、自然、不做作，無論誰和他們接觸都會感受到他們轉化的力量。

當你不扮演角色時，你的所作所爲就沒有自我和小我參雜在其中，也就沒有隱含的目的：保護或強化你的自我。因此，你的行動會有更大的力量。你會全神貫注在當前的情況，並與它合一。你不會想藉由它而成爲什麼特定的人。當你完全是你自己的時候，你是最有力量、最有效率的。但是，不要試著去做你自己，那又會成爲另外一個角色，那個角色就叫「本然的、自發性的我」。一旦你試著想要成爲特定人物，你又是在扮演一個角色了。「做你自己」是一個很好的忠告，但它也很可能誤導你。心智會插進來說：「我來看看，我如何才能做我自己呢？」然後，你的心智就會制訂出「我如何才能做我自己」的某種策略。這又是另一個角色了。「我如何才能做我自己呢？」這個問題事實上是錯的，它意味著你必須要「做」一些事情才能成爲自己。然而這個「如何」在這裡是不適用的，因爲你已經是你自己了。不要在「你已經是」的那個基礎上，加上不必要的負累。「但是我還不知道我是誰呢！我不知道做我自己是什麼意思！」如果你可以完全接受不知道自己是誰這件事情，那麼剩下來的就是你是誰的眞貌了——那個在人性之後的本體，純粹潛能的領域，而不是一些已經被定義了的東西。

放棄定義你自己——不管是對自己還是對別人來說。你不但不會滅亡，反而會重生。同時，不要在意別人怎麼定義你，當他們定義你時，其實是在自我設限，所以這是他們的問題。當你與他人互動時，不要只是扮演角色或提供功能，而要成爲一個有意識臨在的場域。

爲什麼小我要扮演角色呢？這是因爲一個未受驗證的假設、一個基本的謬誤、一個無意識的思想，那個思想就是：我是不夠的。接下來就是其他無意識的思想：我需要扮演一個角色，以便得到讓我能全然成爲自己的東西；我需要得到更多，我才能成爲更多。但是你無法變成比你之所是更多，因爲在你身體和心理的形相之下，你是與生命本身合一，與本體合一的。在外在的形相上，你會——而且始終都會——次於某些人，或是優於某些人，但在本質上，你不會次於或優於任何人。眞正的自尊和謙卑都是從這份了悟中升起的。在小我的眼中，自尊和謙卑是矛盾的；在眞理中，它們並無二致。

病態的小我

無論以何種形式展現，從更廣義的角度來看，小我本身就是病態的。我們可以看一下病態（pathological）這個字的古希臘字根，就會發現這個字對小我來說再適用也不過了。雖然這個字通常用來描述一種疾病的狀態，不過它是從pathos這個字根來的，意思是受苦，這就是佛陀在兩千六百年前就已經發現的事：人類狀況的特徵就是受苦。

然而，那些在小我掌控下的人，並不能辨識出受苦是痛苦的，還認爲它是在任何特定狀況下唯一合理的反應。盲目的小我無法看到它在自己和其他人身上加諸的痛苦。不快樂就是小我創造的一種廣爲流傳的心理—情緒疾病，它是地球環境污染的內在對應。像憤怒、焦慮、仇恨、怨懟、不滿足、羨慕、嫉妒等負面情境，已經不被視爲負面，反而被合理化，並且進一步被曲解爲：這不是我們自己創造的，而是其他人或一些外在因素造成的。「你要爲我的痛苦負責。」這是小我的暗示。

小我無法分辨一個狀況本身，和我們對那個狀況的解釋及反應，這兩者之間有什麼不同。你可能說：「多麼糟糕的一天啊！」但你並不了解，那個寒冷、風、雨或是任何讓你有反應的情境本身，並不是糟糕的，它們就是那個樣子。眞正糟糕的是你的反應，你內在對它們的抗拒，還有因抗拒而產生的情緒。用莎士比亞的話來說就是：「沒有所謂的好或壞，而是我們對它的想法造成了好壞。」尤有甚者，小我還把受苦和負面反應曲解爲樂趣，因爲就某種程度而言，小我本身在其中獲得了強化。

舉例來說，憤怒或怨恨，因爲會增加分離感，加強對他人的分別心，而且會創造一個看起來無可攻堅的心理立場：「我是對的！」所以它們可以極爲有效地強化小我。當你被這些負面情緒占有時，如果可以去觀察身體裡面發生的生理變化，去觀察這些情緒是如何妨礙心血管、消化和免疫系統，以及其他無數身體功能的運作，那麼你就會很清楚看到：這些情緒實際上眞的非常病態，它們是一種受苦的形式，毫無樂趣可言。

每當你處在負面狀態時，你的內在其實有一部分是在尋求負面的事物，並且視它爲樂趣，或是相信它可以幫助你得償所願。要不然，誰會一直抱持著負面情緒不放，讓自己和其他人都陷入慘境，並且在身體上創造疾病？因此，每當你發現自己內在有負面心態時，如果那一刻你能夠了解到：在你之內有一部分是把這些負面事物視爲樂趣，並且相信它是有用的，那麼你就已經直接覺察到你的小我了。當這種情形發生時，你的認同就從小我轉到了覺知。這也意味著小我在縮減，而覺知在增長。

如果你處於負面情緒時能夠了解到：「此刻我正在爲自己創造痛苦」，這份覺知就足以讓你超越被制約的小我狀態和它所產生的反應的限制。隨覺知狀態而來的無限可能性將被開啓，讓你看到還有其他更多有智慧的方式來應對任何情況。在那一刻，當你認清你的不快樂是缺乏智慧時，你就能夠自由地放下這個不快樂。負面心態是不明智的，它總是來自小我。小我也許很聰明，但是它沒有智慧。小聰明會追求它自己小小的目標，而智慧卻能夠看見連結所有萬事萬物的較大整體。小聰明是被自我利益驅使的，而且它非常短視近利。多數的政客和商人都很聰明，但很少是有智慧的。利用聰明而獲得的東西都是短暫的，而且最後總是會導致自我挫敗。聰明導向分離，智慧則包容萬物。

像背景般的不快樂

小我創造了分離感，而分離感則創造了痛苦，由此可見，小我非常病態。除了那些明顯的負面情緒，如憤怒、仇恨之外，還有一些比較細微的負面情緒形式，它們十分稀鬆平常，通常不會被視爲是負面的，比如說不耐煩、煩躁、神經緊張，還有「受夠了！」它們構成了那個不快樂的背景基調，而且是很多人內在的主要狀態。你必須非常警覺，而且絕對地臨在，才能夠偵察到它們。當你能夠偵查到它們，那就是覺醒的時刻，也是與心智脫離認同的時刻。

有一個最常見的負面狀態，也許正因爲它是如此稀鬆平常，所以很容易被人忽略。或許你對它也很熟悉：你是否常常經歷一種不滿足感，它很難描述，只能說它是一種像背景般的怨懟？它可能有針對性，也可能沒有特定對象。很多人生命的絕大部分都在這種狀態中度過。他們因爲太與這種狀態認同，以致於無法退後一步而看清楚它。位於那種感覺之下的，是我們無意識持有的一些信念，也就是思想。你思考的這些思想，就如同你在睡覺時做的夢一樣。換句話說，你不知道你在思考，就如同做夢的人不知道他在做夢一樣。

這裡是一些最常見的無意識思想，它們爲那種不滿足的感覺或是背景般的怨懟煽風點火。下面列出來的是這些思想的基本架構，我刪除了它的內容，因爲這樣看起來比較清晰。當你生活的背景基調中有不快樂的情緒時（有時不是在背景，而是已經展現出來了），你可以看看是下面的哪個思想架構在運作，同時可以根據個人的情況把內容填進去。

．在我生命中需要發生一些事情，我才能因此感到平靜（快樂、滿足等等）。我很氣這些事情還是沒有發生，也許我的怨懟最後可以讓它發生。

．過去有些不該發生的事情發生了，我很生氣。如果它們沒有發生，我現在就可以感到平靜。

．有些不該發生的事情現在正在發生，而它妨礙了我此刻的平靜。

這些無意識的信念常常還會導向一個特定的人，因此「發生的事情」就變成「一個人做的事」：

．你應該做這個或那個，我才能平靜。我很氣你還是沒有做。也許我的怨懟會促使你去做它。

．你（或是我）過去做的、說的，或是沒做的事，讓我現在無法平靜。

．你現在正在做的或是沒做的事，妨礙了我的平靜。

快樂的祕密

以上這些都是假設，而且是未經審查、與現實混淆的思想。它們是小我編造出來的故事，讓你深信你此刻不能平靜，或是不能完全做你自己。平靜的狀態和做你自己是同一回事。小我說：也許未來某一天，如果某些特定的事或其他事能發生，或是我可以得到這個或成爲那個的話，我就能夠平靜下來。它或許也說：因爲過去發生的一些事，我永遠無法平靜。你可以去傾聽所有人的故事，然後發現它們都可以有一個相同的標題：「爲何此刻我無法平靜」。小我不知道你唯一可以平靜下來的機會就是此刻。或者其實它是知道的，但是它害怕你發現這個事實。畢竟，平靜就是小我的終結。

如何在此刻就能平靜下來呢？與當下時刻和平共處。當下時刻就是生命的遊戲場，它無法在別處遊戲。一旦與當下時刻和平共處之後，看看接下來會發生什麼事，看看你可以做什麼或是選擇去做什麼，或者說，生命要透過你做什麼。有幾個字可以表達生活藝術的祕密，也是所有成功和快樂的祕密：與生命合一。與生命合一就是與當下合一。然後你就會明白，其實不是你在活出生命，而是生命經由你活出來。生命是舞者，而你是舞步。

小我喜愛它對現實（reality）的憎恨。現實又是什麼？現實就是本然（whatever is）——

不論它是什麼。佛陀稱之爲tatata——生命的如是（the suchness of life），它不過就是當下時刻的如是。對如是的反抗是小我最重要的特徵之一。它創造了小我賴以興旺的負面狀態，以及它所喜愛的不快樂。這樣做的時候，你讓自己和其他人受苦，卻毫不知情，也不知道你是在地球上創造地獄。無意識生活的本質就是：創造痛苦而渾然不覺——也就是完全在小我的掌控之中。小我對於辨識它自己以及它所作所爲的能力之差，令人咋舌而不可置信。它會去譴責別人的行爲，卻完全看不見自己也在做同樣的事。當別人指出來的時候，它會憤怒地否認、狡辯、自圓其說，來扭曲事實。不但大家這麼做，企業組織，甚至政府也都是這樣。如果上面這些方式都不管用，小我會惱羞成怒地訴諸謾罵，甚至暴力的行爲——動不動就訴諸武力。我們現在就可以理解耶穌在十字架上所說的話中的深度智慧：「寬恕他們，因爲他們不知道自己在做什麼。」

若想要終結幾千年來加諸在人類情境中的悲慘狀況，必須要從你自身開始，在每一刻都要爲自己的內在狀態負責。每一刻指的就是當下。問自己：「此刻我的內在是否有任何負面的感受？」然後，保持警覺，關注你的思想和情緒。注意那些較低程度的不快樂，無論它們是以何種我先前提過的形式存在，例如不滿足、神經緊張、「受夠了」等等。注意試圖合理化或解釋這些不快樂情緒的思想，它們其實是不快樂的肇因。在你覺察到自己內在負面狀態的那一刻，並不表示你失敗了，你其實是成功了！在覺察發生之前，你是與內在狀態認同的，而這樣的認同就是小我。覺知來臨之後，你就脫離了與思想、情緒及反應的認同了。不要把這種情形和否認混爲一談。你可以感知到思想、情緒和反應，而當你感受到它們的那一刻，自然而然就會脫離對它們的認同。你的自我感以及你是誰的自我認知，就會有所轉化。在此之前，你是你的思想、情緒和反應；而現在你是那個覺知了——觀照這些狀態的有意識臨在。

「有一天我要從小我中解放出來。」是誰在這樣說？當然是小我。從小我中解放出來其實不是件大事，只是小事一樁。你所需要做的就是，在你的思想和情緒發生時，對它們有所覺知。這不是一件要「做」的事，只是要警覺地觀照。這樣說來，你是無法「做」任何事來脫離小我的。當轉變發生，也就是從思考到覺知的轉變發生時，有一個比小我的小聰明更大的智性會開始在你的生活中運作。經由覺知，你的情緒，甚至思想都不再個人化了。它們不具個人色彩的本質自然流露，在它們之間，再也沒有一個「我」了。它們只是人類的情緒、人類的思想。你個人全部的歷史，原來最終也不過是一個故事、一堆思想和情緒罷了！它們會成爲次要的，而且不會再霸占你意識的前端了。它不會再成爲你自我感的基礎。你就是臨在之光，比任何思想和情緒都還要深沉，而且是在它們之前就存在的覺知。

小我的病態形式

如同我們所見，如果我們廣義地使用「病態」這個字眼來表示功能失調和受苦，那麼，小我的本質就是病態的。很多心理疾病，其實都包括了在正常人身上也同樣會發生的小我特質。不同的是，在心理有病的人身上，這些特質變得十分明顯，所以它們的病態本質顯露無遺，除了受苦者本身之外，沒有人看不出來。

舉例來說，很多正常人有時會說一些謊言，好讓自己看起來更重要、更特殊，同時強化他們在別人心目中的形象。這些謊言包括他們認識某某人、他們的豐功偉績、他們的能力與財富，還有其他各種小我用來認同的東西。然而，小我的不足感，以及要有更多或成爲更多的需求，會驅使一些人習慣性和強迫性地說謊。他們告訴你跟他們自己有關的事，也就是他們的故事，絕大多數都是幻想出來的，只是小我虛構的門面，讓它自己感覺比較殊勝。這些華麗而膨脹的自我形象有時也許可以愚弄他人，但是不會太長久。很快地，大多數的人都會看出它們全是虛構的。

被稱爲「妄想精神分裂症」的心理疾病（或簡稱「妄想症」），基本上就是一個小我的誇大形式。它通常包括了一個心智虛構的故事，用來佐證病人持續在心底深處感受到的恐懼。故事主要的成分就是他們相信某些人（有時是很多人，甚至所有人）在算計他們，或是陰謀要來控制或殺死他們。故事本身通常會有內在的一致性和邏輯性，所以有時其他人也被騙得相信了。有時某些組織，甚或整個國家，在他們的根本基礎上都會有妄想的信念系統。小我的恐懼、對他人的不信任，還有「排他」傾向，會讓它聚焦在它所認知到的錯誤上，並且把這些錯誤視爲他人的身分。這種情形稍微過度時，就會讓別人成爲小我眼中「沒有人性的野獸」。小我是需要別人的，但是它的兩難困境就在於，它內心深處是仇恨且害怕其他人的。沙特說：「地獄就是他人」，就是小我的心聲。患有妄想症的人會深刻地感覺到那個地獄，但是對其他人來說，只要小我模式還在他們之內運行，他們多少也能感受到。你的小我愈強，就愈會感覺到其他人是你生活當中痛苦的主要來源。同時，你也很可能會讓其他人的生活同樣地困難。當然你是看不到的，因為看起來好像總是別人在這樣對待你。

被稱為「妄想症」的心理疾病也會表現出另外一個症狀，這是每個小我都有的成分，但是在妄想症患者身上是比較極端的形式。患者愈是認為自己被他人迫害、跟蹤或威脅，他就愈會把自己想像成宇宙的中心，其他的人事物都是隨著他起舞。同時他會覺得自己格外重要且特殊，因為他幻想有那麼多人把注意力都聚焦在他身上。他的受害者情結，和被那麼多人錯待的感覺，讓他覺得自己格外特殊。在形成他幻覺系統基礎的故事中，他常常賦予自己兩種角色，一個是受害者，一個是有潛力的英雄，即將拯救這個世界，或是擊敗所有邪惡的力量。

種族、國家和宗教組織的集體小我也常常有很強的妄想成分：我們和邪惡的「他人」對抗。這也是人類受苦的眾多起因之一。西班牙的宗教法庭、起訴和焚燒異教徒及「女巫」的行動、導致第一次和第二次世界大戰的國際關係、整個共產主義的歷史、美蘇之間的冷戰、美國一九五〇年代的麥卡錫主義、中東長久以來的暴力爭端，這些人類歷史上的痛苦事件，都是被極端的集體妄想症操控所致。

個人、團體和國家如果愈無意識，小我的病態就愈可能以肢體暴力的形式展現。當小我試圖堅定它的立場，證明自己是對的而對方是錯的，它會使用一種非常原始卻很普遍的方式——暴力。對非常無意識的人來說，爭吵很容易引發肢體暴力。爭吵是什麼？就是兩個人或很多人都在表達他們的意見，但是彼此的意見相左。每個人都與構成他們意見的思想如此認同，以致於這些思想變得強硬，而成爲心理的立場，而且他們都投注了自我感在其中。換句話說，身分認同和思想合併了。在這種情形下，當維護我的意見（思想）時，我感覺是在防衛我自己，我的表現也是如此。在無意識的狀態下，我會感覺自己好像在爲生存而戰，我的行爲也是如此，所以我的情緒自然會反應出這個無意識的信念。它們變得非常紊亂——我很煩惱、生氣、防衛性或攻擊性很強，我必須不計一切代價獲取勝利，否則我就會滅亡。這是一個幻相。小我不知道你的心智和心理上的立場與你的本質毫無關係，因爲小我就是未受觀測的心智本身。

在禪宗裡他們說：「不用求眞，唯順息見。」這是什麼意思？放下對心智的認同，那麼你超越心智的本質就會自動浮現。

小我存在與否對工作品質的影響

很多人都有不受小我控制的時刻。在某些領域有特殊成就的人，有可能在他們工作時，完全或大部分地從小我中解脫。他們可能毫不知情，但是他們的工作本身已經成爲一種靈性的修持了。他們大多數都是在工作時非常臨在，而在日常生活中又會落回到比較無意識的狀態。這意味著他們臨在的狀態只是暫時局限於生活中的一個領域而已。我碰過一些老師、藝術家、護士、醫生、科學家、社會工作者、服務生、美髮師、企業老闆，還有銷售人員，他們工作時並沒有在追尋自我，而是完全順應當時所需，令人敬佩。他們與工作合一，與當下合一，也與當時他們服務的人或任務合而爲一了。這些人對於其他人的影響，遠超過他們提供的功能所帶來的影響。每個和他們接觸的人都會感覺到自己小我的緩減。即使那些小我強烈的人，都會開始放鬆，放下防衛，並且在互動中不再進行角色扮演。理所當然地，這些工作時不帶小我色彩的人，都在他們的工作中有傑出表現。任何與他所做的事合一的人，就是在創建一個新的世界。

我也接觸過一些人，他們也許有非常棒的技術，但是他們的小我卻時時在破壞他們的成果。他們的注意力只有一部分是放在工作上，其他部分都是在自己身上。他們的小我需要得到個別的關注，而且如果得不到足夠的認可（可能永遠都不夠），他們會浪費很多能量在怨懟上面：「有其他人獲得比我還多的關注嗎？」此外，這些人主要關注的焦點也許是利益或權力，而他們的工作只不過是爲了達到目標的手段。當工作變成不過是達到目標的手段時，它就不會有高品質。當在工作中有障礙或困難、當事情不如預期順利、當其他人或環境不給予助力或合作時，他們不但不會立刻與這個新的狀況合一，而針對當下的情況採取必要措施，反倒會起而抗拒新的狀況，而讓自己與它分開。在這裡，有一個「我」覺得個人受到了侵犯或是覺得怨恨，而且大量的能量會在無用的反抗或怒氣中燃燒殆盡，而這些能量如果沒有被小我錯誤使用的話，其實是可以用來解決問題的。尤有甚者，這股反抗的能量會創造新的障礙、新的反對勢力。很多人眞的是自己最大的敵人。

有些人不願幫助其他人、不與其他人分享資訊，或是陷害別人，免得別人比「我」成功或比「我」得到更多榮譽，這反而是不自覺地傷害了自己的工作。對小我來說，合作是個陌生的名詞，除非有暗藏的其他動機。小我不知道，你愈是把別人包容進來，事情會進行得愈加順利，而且各種事物會愈容易流向你。當你不給別人幫助或只給一點點幫助，或是當你在別人的路上製造障礙，宇宙（以人、事、物的形式）也不會給你幫助，或是只給你一點點幫助，因爲你把自己從整體之中切割開了。小我無意識的核心感受就是「不夠」，所以它對別人成功的反應，是覺得好像他們從「我」這裡拿走了什麼。小我不知道，你對其他人成功的怨懟，反而會阻礙你自己成功的機會。爲了吸引成功，不論你在哪裡看到它，都要隨時歡迎它。

病中的小我

疾病可能會強化小我或減弱小我。如果你抱怨、感到自憐，或是怨恨自己的病，你的小我就會被強化。如果你把疾病當成你概念上身分認同的一部分，小我也會增強：「我是某種疾病的患者。」啊，那現在我們知道你是誰了！然而另外有些人，在平常生活中有很強大的小我，但是生病之後，突然間就變成一個溫柔、和善，比以前好很多的人。他們可能獲得了在以前正常生活中永遠得不到的一些洞見，他們可能接觸到內在的領悟和滿足，而說出一些智慧的話語。然後，當他們好起來時，能量回來了，小我也回來了。

當你生病的時候，你的能量是很低的，而有機體的智慧可能會接管，利用剩下的能量來療癒你的身體，所以沒有足夠能量給心智使用，心智指的就是小我的思考和情緒，小我會耗損大量的能量。然而在有些例子中，小我還是保存了僅有的一點能量，以供自己使用。不用說，生病時小我獲得增強的人，需要更長的時間才能康復。有些人永遠康復不了，所以疾病轉變成慢性的，也永遠成爲他們虛假自我感的一部分了。

集體小我

與自己共處有多困難？小我試圖逃離個人自我的空虛不足感時，使用的方法之一，就是藉由認同一個團體而擴大並增強它的自我感。那個團體可能是國家、政黨、公司、組織、教派、俱樂部、幫派、足球隊等。

在有些例子中，有人奉獻他的生命，無私地爲一個更大更好的團體目標而工作，完全不求任何個人的回報、讚賞，或是爲自己積攢什麼。在此，個人的小我似乎完全瓦解了。從個人自我可怕的負擔中解脫出來是多輕鬆的一件事啊！無論工作得多麼辛苦，需要犧牲多少東西，團體的成員都感到快樂和滿足。他們看起來似乎都超越了小我。問題是：他們是眞正自由了，或者小我只是從個人轉化到了團體？

一個集體的小我展現出來的特質和個人小我是一樣的，例如需要衝突和敵人、需要更多、需要自己是對的，而與其他犯錯的人對抗等等。這個團體遲早會和其他團體發生衝突，因爲它無意識地在尋求衝突，而且它需要對手來界定自己的界限和身分認同。而它的成員在小我驅使的行動中醒來之後，會經驗到不可避免的痛苦。在那個時刻，他們可能就此覺醒，而了解到他們所屬的這個團體，有強烈病態瘋狂的成分。

剛開始的時候，突然間覺醒過來，繼而發現你所認同、所工作的團體實際上是病態瘋狂的，可能會讓你很痛苦。有些人在那個時候會變得憤世嫉俗或刻薄，然後否認所有的價值。也就是說，當他們看清楚前一種信仰系統的幻相，繼而夢幻破滅後，他們會很快地採納另一種信仰系統。他們沒能面對自己小我的死亡，反而逃到另一個新的小我上轉世重生。

一個集體小我通常比其成員的個別小我還要來得無意識。比方說，群衆（一個暫時的集體小我實體）會進行許多暴行，這些是個人在不聚衆的情況下不會做的。很多國家有時也會從事一些在個人看起來是心理病態的行爲。

當新的意識萌生時，有些人會覺得被召喚，因而組織一些團體來反映這開悟意識。這些團體不會是集體小我。組成這些團體的個人不需要經由這些團體來定義他們的身分，他們不會再藉由任何外相來定義自己。即使這些團體的成員還是沒有完全脫離小我，但是在小我冒出頭來的時候，他們會有足夠的覺知在自己或別人身上認出它來。然而，因爲小我還是會想盡各種辦法去試著掌控他人、維護自己，所以不間斷的警覺性是很重要的。這些團體重要的任務之一，就是把小我帶進覺醒之光中，以便瓦解它。這些團體也許是開悟的企業、慈善機構、學校，或是一群住在同一個社區的人。在新意識的揚升中，這些開悟的團體將會發揮很重要的功用。如同小我的團體會把你拉進無意識與痛苦之中，這些開悟的團體將會是加速地球轉化的一個意識的漩渦。

永生的鐵證

小我的誕生，是源自於人類心靈中的分裂，在其中，人的身分被分成兩個部分，稱之爲「主詞的我」（I）和「受詞的我」（me），或是「受詞的我」（me）和「我自己」（myself）。因此，每個小我都是精神分裂的，用比較通俗的說法就是「人格分裂」。你和你自己的心理形象相生相依，這個心理形象就是與你息息相關的概念上的自我。當你提到「我的生命」時，生命本身就變成一種概念，並且與你的本質（who you are）分開了。當你提到或想到「我的生命」，並且對自己所言深信不疑（而不是只把它當成一個慣用辭彙）的那一刻，你就進入了幻相之中。如果眞有所謂「我的生命」的話，那麼我和生命就是兩碼事了，因此我有可能會失去我的生命，也就是我想像中的寶貴資產，而死亡就會成爲一個似是而非的眞相，而且是個威脅。話語和概念將生命分解成不相關的片段，這些片段本身不具眞實性。我們甚至可以說，「我的生命」這個概念，是分離的最原始幻相，也就是小我的源頭。如果我和我的生命是兩樣東西，如果我和生命是分離的，那麼我就與所有的人、事、物都是分離的了。但是我怎麼可能與生命分離呢？如果與生命和本體分離，還有什麼「我」可以存在呢？這顯然是不可能的。因此沒有所謂「我的生命」這回事，我並不「擁有」生命，我「就是」生命，我和生命是合一的。事情就是這樣。所以，我怎麼可能失去生命？我怎麼可能失去我原本就沒有的東西呢？我怎麼可能失去「我本是」的東西呢？這是不可能的！

5 痛苦之身

很多人思考的過程都是不自主、自動化且重複的。這不過是一種精神上的靜電干擾，並沒有眞正的用處。嚴格來說，不是你在思考，而是思考發生在你身上。當你說「我思考」的時候，是暗示你有自主權，它意味著你對這件事情有決定權，在這裡你是有選擇餘地的。但是對大多數人來說，並不是這麼一回事。「我思考」就像「我消化」或是「我循環我的血液」一樣，是錯誤的陳述。消化是自己發生的，血液循環是自己發生的，思考也是。

腦袋裡的聲音有它自己的生命。大部分人受制於那個聲音，他們被思想占有，被心智占有。因爲心智被過去制約，你因而被迫不斷地重複演出過去。以東方的詞彙來說，就是業力（karma）。認同於那個聲音時，你當然渾然不覺，如果你知道的話，就不會被它占據了。只有誤把那個占有你的實體當成自己時，也就是說，當你變成它的時候，你才會眞正地被它占有。

幾千年來，人類愈來愈被心智占據，無法認出那個占據我們的實體並不是我們自己。在完全與心智認同的情況下，一個虛假錯誤的自我感——小我——於焉而生。小我的密度取決於你這個意識體認同於心智和思考的程度，但思考不過是意識整體，以及你本質整體中很微小的一個面向。

與心智認同的程度因人而異。有些人偶爾可以享受到短暫從心智中解放出來時的平安、喜悅和生命力，這些時刻的經歷，就讓他們的生命充滿價值。在這些時刻中，有時創造力、愛和慈悲也會升起。而其他人則是經常困在小我的狀態中，他們與自己、與周圍其他的人和世界都是疏離的。當你看著他們，你會看到他們臉上的緊繃，也許是眉頭深鎖，或是茫然、呆滯的眼神。由於大部分的注意力都被思考占有，所以他們並不是眞的在看著你或聽你說話。在任何情況下，他們都無法臨在，因爲他們的注意力不是在過去就是在未來，而過去和未來當然只是以念頭的形式（念相）存在心智之中。或者，他們透過扮演某種角色與你互動，因此也不是以眞面目示人。大多數的人和他們自己的本質是如此疏離，到了某種程度，幾乎每個人都可以看出他們的行爲和與人互動的方式十分虛僞，當然，那些和他們同樣虛假、同樣與自己本質疏離的人，是看不出來的。

疏離的意思是，你在任何情況、任何地點，或跟任何人，甚至跟你自己在一起時，都無法感到自在。你一直想要得到「回家」的感覺，卻總是無法放鬆自在。二十世紀最偉大的幾個作家，例如卡夫卡、卡繆、艾略特、喬伊斯，他們體會到「疏離」是人類存在的一個普遍困境，也許他們自身就有很深的感觸，所以能夠在他們的作品中把它表達得淋漓盡致。這些作家並沒有提供解決之道，他們的貢獻是：反映我們人類的窘境，讓我們更清楚地看到它。能夠清楚看見自己的窘境，就是邁向超越它的第一步。

情緒的誕生

除了思想的來去流動之外，小我還有一個與思想不是完全無關的面向，那就是：情緒。這並不是說所有的思想和情緒都是屬於小我的，只有在認同它們並被它們完全控制，也就是說，當思想和情緒變成了「我」的時候，它們才會轉變成小我。

物質的有機體——你的身體——有它自己的智性，就像其他所有生命形式的有機體一樣。智性會對心智之所思所想做出反應，所以情緒就是身體對心智的反應。當然，身體的智性是宇宙智性不可分割的一部分，是宇宙智性無數的顯化之一。身體的智性給予組成物質有機體的原子和分子暫時的凝聚力，它是掌管身體所有器官運作的組織原則，包括氧氣和食物轉化成能量的過程、心跳和血液循環、保護身體不受侵犯的免疫系統、感官刺激轉譯爲神經衝動，送到大腦去解碼，然後再重新組合成一個和諧的、有關外在實相的內在影像。所有這一切，以及其他幾千個同時進行的身體機能，都由身體的智性協調得盡善盡美。掌控身體的不是你，而是那個智性。它同時也管理這有機體對它周圍環境的反應。

對任何生命形式來說，都是這樣的。同樣的智性，也把植物帶進物質形式，然後再從中顯化出花朵，並讓花朵在清晨綻放，迎向陽光，而在夜晚閉上花瓣。同樣的智性，也顯化成爲大地之母蓋婭（Gaia），也就是地球這個複雜的生命體。

同樣的智性，也讓有機體對任何威脅或挑戰升起本能的反應。它在動物身上創造了類似人類情緒的反應：憤怒、恐懼、歡樂，這些本能反應可被視爲情緒的原始狀態。在某些狀況下，人類和動物經歷本能反應的方式是一樣的。當有機體面臨危險、生存遭受威脅時，心跳會加速，肌肉會繃緊，呼吸也會加快，好準備戰鬥或逃跑，這是原始的恐懼。當被逼到絕路時，一股強烈的能量會突然升起，給予身體前所未有的力量，這是原始的憤怒。這些本能反應和情緒很相近，但在字面上的眞義並不是情緒。本能反應和情緒之間最根本的差異在於，本能反應是身體對外界情況的直接反應，而情緒則是身體對思維的反應。

情緒也可能會是對某種實際情況或事件的反應，不過是間接的。情緒對事件的反應是經由心智闡釋的過濾，思想的過濾，也就是說，經由「好與壞」、「喜歡與不喜歡」、「我和我的」這些心理上的概念來過濾。例如，當有人告訴你一輛車被偷了，你應該是不會有什麼情緒的；但如果被偷的是「你的」車，你可能會非常生氣。令人驚訝的是，一個小小的心理概念「我的」，就會激起那麼強烈的情緒。

雖然身體是很聰明的，但是它卻無法分辨實際情況和想像之間的差異。身體對每個思想都會起反應，好像這些思想是眞實發生的一樣，它不知道那只是一個想法罷了。對身體而言，憂慮、恐懼的思想就等於「我遭受危險了！」於是它就順應地做出反應，即使當時可能是晚上，而你正躺在一張溫暖而舒服的床上，你仍然會心跳加速、肌肉緊繃、呼吸加快，能量隨之累積。但是因爲這個想像中的危險只是一個心理幻相，所以這些能量無法宣洩。部分能量轉回到心智中，激發更多焦慮的思想，剩下的變成有毒的能量，危害了身體的和諧運作。

情緒和小我

小我不僅是未受觀測的心智，是腦袋裡老想假扮成你的聲音，同時也是身體對腦袋中那聲音所說事情的反應，也就是未受觀測的情緒。

我們前面已經看到，大部分的時間，小我的聲音都會從事哪些思考，還有，無論思考的內容是什麼，小我思考過程的結構天生就功能失調。這種功能失調的思考會讓身體產生負面情緒的反應。

身體相信腦袋中的聲音所訴說的故事，並對它們做出反應，這些反應就是情緒，而這些情緒接下來又把能量反饋給當初創造它的思想。這就是介於未受審查的思想和情緒之間的惡性循環，創造了更多情緒化的思考及情緒化的杜撰故事。

小我的情緒成分因人而異。有些小我的情緒成分比較大，觸動身體發生情緒反應的思想有時來得太快，在思想還來不及在心智中成形時，身體已經回應產生情緒，而情緒也轉變成了反應。那些思想存在於一個語言未及的階段，可以被稱爲未說出口的、無意識的假設。它們源自於過去的制約，通常是從童年早期開始。「人都是不可信賴的」，就是一個人無意識假設的例子。這個人最早期的人際關係，也就是說，和他父母與手足間的關係，是缺乏支持且無法提供信任感的。還有一些常見的無意識假設的例子：「沒有人尊敬我、感激我。我必須奮鬥才能生存。錢永遠不夠用。生命總是讓你失望。我不配得到財富。我不值得愛。」無意識的假設在身體創造了情緒，然後引起心智活動，以及／或是立即的反應。這樣一來，它們就創造了個人的實相。

小我的聲音不斷打擾身體自然的良好狀態，幾乎每個人的身體都是處於高度的緊張和壓力之下，不是因爲外在因素的威脅，而是從內在的心智而起的。小我附著在身體上，身體沒有選擇，只能回應所有那些構成小我且功能失調的思維模式。如此一來，負面情緒續流就伴隨著不間斷且強迫性的思想續流。

什麼是負面情緒呢？就是對身體有害，而且干擾身體平衡、和諧運作功能的情緒。恐懼、焦慮、憤怒、怨恨、悲傷、仇恨，或極度的厭惡、嫉妒、羨慕——它們都會阻礙能量流向身體，影響心臟功能，以及免疫系統、消化系統、荷爾蒙的分泌等等。即使是主流醫藥界，雖然對於小我運作的方式所知甚少，也開始體認到負面情緒狀態和身體疾病之間的關連。會對身體造成傷害的情緒也會影響你所接觸的人，同時間接地經由一連串連鎖反應，也影響到無數你不認識的人。有一個對所有負面情緒的統稱就是：不快樂。

那麼，正面情緒是否對身體有不同的影響呢？它們是否會加強免疫系統，活化並療癒身體呢？是的，沒錯，但是我們必須區分一下小我產生的正面情緒，以及更深層次的情緒之間的差異。這種更深層次的情緒是從你與本體連結的自然狀態下散發出來的。

其實，在小我產生的正面情緒之中，已經潛藏了它們很快就會轉變成的反向情緒。舉幾個例子。小我所謂的愛，其實是占有和上癮的執著，轉瞬間就會變成恨。對未來事件的期盼，其實是小我過度重視未來，當事件結束或未能滿足小我的期待時，很容易就轉變成它的相反情緒——打擊或失望。某一天，讚美和認可讓你覺得有生命力而且很快樂；而另外一天，被批評或被忽略又會讓你覺得沮喪、不快樂。一個狂野派對的歡樂，會以黯然神傷和第二天清晨的宿醉收場。無惡即非善，無低即非高，這是二元對立的，也就是說，有低才能顯出高。

小我產生的情緒是從心智對於外在因素的認同而衍生出來的，而外在的因素當然都是不穩定且隨時變化的。我們前面所說的更深層次的情緒其實不是眞正的情緒，而是本體的狀態。情緒存在於「相對」的領域之中，而本體的狀態也許會被遮掩，但它們沒有相對的反面。它們以愛、喜悅與和平的方式從你的內在散發出來，是你眞實本質的面向。

有人類心智的鴨子

在《當下的力量》一書中，我提到對兩隻鴨子的觀察。它們在短暫的衝突之後會分開，往相反的方向游去，然後不約而同地用力振動它們的翅膀幾次，好釋放剛才打架時所累積的多餘能量。之後，它們會繼續安詳地在水面上漂流，好像剛才什麼事都沒有發生一樣。

如果鴨子有人類的心智，它會以思維和編造故事的方式，讓剛才的衝突繼續下去。鴨子所編造的故事可能是這樣的：「我眞不敢相信他剛才做了什麼！他靠近我不到五英寸哪！他以爲這個池塘是他的啊！一點也不考慮我的私人空間。我永遠不會再相信他了。下次他一定還會試圖做些什麼來惹毛我，我相信他現在就已經在暗中計畫了！但是我可不會就這樣忍氣吞聲，我要好好給他一個教訓，讓他永遠都忘不了。」就這樣，心智可以不斷編造故事，幾天、幾個月，甚至幾年之後，還是一直在思量、談論這件事。對身體來說，這場爭鬥還在持續著，身體針對這些思想所產生的能量就是情緒，而情緒又回過頭來製造更多思想。這就變成小我的情緒化思維。你現在就可以看見，如果鴨子有人類心智的話，它的生活會變得問題重重，然而幾乎所有人都是這樣生活的。生活的情境及事件，從未眞正結束，心智和它製造的「我和我的故事」讓這些事件一直繼續下去。

身為一個物種，我們已經失去方向了。只要我們能夠停下腳步，觀看、傾聽，那麼所有大自然界的存在，無論是花朵、樹木，還是動物，都可以教導我們重要的功課。我們從鴨子學到的教訓就是：拍打你的翅膀，意思是：「放下你的故事」，然後回到力量的唯一所在——當下時刻。

無法放下過去

日本禪宗兩名和尚的故事，把人類心智無法或不願放下過去的情形，描述得淋漓盡致。湛山和奕堂兩名和尚，走在大雨後泥濘的鄉間路上，接近一個村莊的時候，有名年輕女子正準備穿越泥濘的馬路，但是因為泥巴太深了，她擔心身上的絲質和服會因此弄髒。湛山當場就揹起那名女子，把她送到路的另一邊。

兩名和尚繼續在靜默中行進。五個小時以後，快要接近他們投宿的寺廟時，奕堂再也忍不住了。「你為什麼揹那名女子過馬路？」他問道：「你知道我們和尚要遵守清規啊。」

「我幾個小時以前就已經把她放下了，」湛山回答，「難道你還揹著她嗎？」

現在請想像，如果有人像奕堂那樣，總是無法或不願意在內在放下生活的情境，還繼續不斷地往內累積重擔，那麼他的生活會是什麼樣子。然後你就可以了解我們這個地球上大多數人生活的面貌了。在這些人的心智中，背負了多麼沉重的負擔，而這些負擔，都是關於「過去」的。

「過去」是以「記憶」的形式在你之內存活，但記憶本身並不是問題。事實上，經由記憶，我們才能從過去和過去的錯誤中記取教訓。只有當記憶（就是有關過去的思想）完全掌控你的時候，它們才會變成負擔，變成問題，而成爲你自我感的一部分。你被過去所制約而形成的個性，就成了你的牢籠。你把自我感投注在記憶中，視這些故事爲你自己本身。這個「渺小的我」就是遮蔽你眞實身分的幻相，讓你看不見自己是永恆無形的臨在。

然而，你的故事不僅僅包括了心智的記憶，也有情緒的記憶——不斷被反芻的陳年情緒。就像那名和尙，他不斷地用思想餵養他背負了五個小時的不滿。大部分的人，終其一生都背負了很多不必要的重擔——心理上和情緒上的。經由怨恨、後悔、敵意和罪疚，他們限制了自己。他們情緒化的思考已經變成了他們的自我，所以他們必須緊抓著這些舊有的情緒不放，以加強身分認同。

因爲人類有讓舊情緒恆久存在的傾向，所以幾乎每個人的能量場中，都帶著累積已久的過往情緒傷痛，我稱之爲「痛苦之身」（**pain-body**）。

然而，我們可以停止在現有的痛苦之身上加油添醋。藉由象徵性地拍打我們的翅膀，避免心理一直盤桓在過去之中（無論是昨天還是三十年前發生的），我們可以學習破除累積、留存陳年情緒的習慣。我們可以學習不讓情境或事件一直存活在我們的腦海中，而讓注意力持續地回到原始、永恆的當下時刻，不要陷在內心所製作的電影中。這樣一來，我們的臨在，而不是我們的思想和情緒，就會變成我們的身分。

任何過去發生的事情，此刻都無法阻止你活在當下；而如果過去無法阻止你此刻活在當下，那麼它還有什麼力量可言呢？

個人和集體的痛苦之身

當任何負面情緒升起，如果我們在當下不能完全面對、看見它的原貌的話，它就不會完全消失，而會遺留一些殘餘之痛。

特別是孩子，他們會覺得有些負面情緒過於強烈而無法面對，因此會試圖不去感受。如果沒有一個完全有意識的成人，在旁邊以愛和慈悲的理解，去指導他們直接面對情緒，在那一刻，孩子的唯一選擇就是不去感受情緒。很不幸，當孩子長大成人後，那個早期的防禦機制通常還是存在，那個未受認可的情緒一直在他或她之內存活，然後以間接的方式顯現出來，像焦慮、憤怒、突發的暴力、鬱悶的心情，甚至身體上的疾病。在有些例子中，它還會妨礙或破壞每一份親密關係。大部分的心理治療師都碰過一些病人，剛開始的時候，都說自己的童年非常快樂，最後的事實卻完全相反。這些也許是比較極端的例子，但是沒有人的童年可以免於情緒傷痛，即使你的雙親都開悟了，你還是在一個大部分都是無意識的世界中長大的。

那些沒有完全被面對、接納和放下的強烈負面情緒，會殘留餘痛，然後結合起來形成一個能量場，在你身體的每個細胞中存活。它不僅包括了童年時的痛苦，還有後來在青少年及成人時期加諸其上的痛苦情緒，而這些大部分都是小我的聲音創造的。當虛假的自我感是你生活的基礎時，這種情緒上的痛苦就成爲你生活當中不可避免的伴侶。

這個在每個人之中存活的能量場，是由陳舊卻仍然十分活躍的情緒所組成的，它就是痛苦之身。

然而，痛苦之身的本質並不個人化，它也繼承了無數人在人類歷史上所受的痛苦，包括持續不斷的種族戰爭、奴役、掠奪、強暴、虐待，還有其他形式的暴力。這些痛苦還是存留在人類集體的心靈中，而且每天都還在不斷地增加。只要你收看今晚的新聞，或是看一下人際關係之間上演的戲碼，就能得到印證。人類集體的痛苦之身很可能已經編入每個人的ＤＮＡ之中了，雖然我們還沒有在ＤＮＡ中找到它。

每個新生兒來到這個世界時，就已經帶著情緒的痛苦之身了。有些嬰兒身上的痛苦之身比較沉重、稠密。有些嬰兒大部分的時間都很快樂，但有些內在卻好像帶著極大的愁煩。雖然有些嬰兒是因爲照顧和關愛不夠而啼哭不止，但有些卻無緣無故哭泣不休，似乎要讓周圍的人也和他們一樣不快樂，而通常他們都會辦到。這些嬰兒分擔著一部分很沉重的人類痛苦而來到這個世界。還有些嬰兒常常哭泣，是因爲他們可以感受到父母散發出來的負面情緒，這讓他們十分痛苦，而他們本身的痛苦之身，也會藉由吸收父母痛苦之身的能量而增長。不管是那一種情形，隨著嬰兒身體的成長，痛苦之身也隨之而長。

一個痛苦之身比較輕微的嬰兒，長大成人以後，在靈性方面不見得比那些痛苦之身較爲沉重的嬰兒進化得快。事實上，情況通常是相反的。有沉重痛苦之身的人，與痛苦之身較輕微的人相比，通常比較容易在靈性方面覺醒。雖然有些人還是困在厚重的痛苦之身中無法動彈，但很多人到了某個地步，會再也無法忍受自己的苦惱，因此他們想要覺醒的動機就會變得很強。

爲什麼耶穌受難的身體——因痛苦而扭曲的臉孔、因無數創傷而流血不止的身體，在人類集體意識中是如此重要的一個形象？數百萬人，尤其是在中世紀時代，如果不是因爲自己的內在和它起了共鳴，如果不是無意識地認出了它正是他們內在實相（痛苦之身）的外在顯現的話，就不會與之產生如此深的連結。他們的意識雖然還不足以直接在自己內在辨識出痛苦之身，但這是開始覺知到痛苦之身的第一步。基督可被視爲人類的原型，具體顯現了人類的痛苦和轉化超越的可能性。

痛苦之身如何自我更新

痛苦之身是存活在多數人之內的半獨立能量形式，是一個由情緒組成的實體。它有自己原始的智力，和狡猾的動物差不多，它的智力大部分應用在求取生存。和所有的生命形式一樣，它需要定期餵養——吸收新的能量——而它賴以維生的食物就是與它能夠相應的能量，也就是說，和它振動頻率類似的能量。任何痛苦的情緒經驗都可以做爲痛苦之身的食物，這就是爲什麼它會因負面思想及人際關係當中的戲劇事件而茁壯成長。痛苦之身對不幸是有癮頭的。

第一次發現，在你之內居然有個實體需要定期尋求負面情緒和不幸，你也許會很震驚。在別人身上認出它比較容易，如果要在自己身上看到痛苦之身，你需要更多的覺知。一旦那種不快樂的情緒掌控了你，你不但不想停止，反而還想讓其他人和你一樣悲慘，好以他們的負面情緒反應爲食。

在大多數人中，痛苦之身有靜止期和活躍期。當它靜止時，你會很容易忘記你內在有一片沉重的烏雲，或是有一座休眠火山，這兩種情形根據你個別痛苦之身的能量場而定。靜止期的長度因人而異，最常見的是幾個星期，但也可能是幾天，或是幾個月。一些罕見的例子中，痛苦之身可以冬眠好幾年，才被某些事件觸動而醒。

痛苦之身如何以你的思想爲食

當痛苦之身感到飢餓時，就會從休眠狀態中甦醒，準備開始覓食。或者，它也可能在任何時間被某件事情給觸發。準備要覓食的痛苦之身，可以被最微不足道的小事觸動，像別人說了或做了什麼，甚或是一個思想。如果你獨居，或是當時沒有別人在身邊，痛苦之身就會以你的思想爲食，突然之間，你的思緒就會變得極端負面。你可能無法察覺到，在那些負面思想蜂擁而至之前，一波負面情緒早以黯淡而沉重的心情，或是焦慮或暴怒的方式，侵略了你的心智。所有的思想都是能量，而此刻痛苦之身正是以你思想的能量爲食。但並不是所有的思想都可以供它食用。你不必很敏感就可以察覺到，正面思想與負面思想是有完全不同感受的，它們是相同的能量，但振動的頻率卻不同。一個快樂、正面的思想對痛苦之身來說，是無法消化的，它只能以負面思想爲食，因爲只有這些思想和它的能量場是相合的。

萬事萬物都是不斷在振動的能量場。你坐的椅子，還有你手上拿的書，看起來好像是堅實且固定的，因爲這是你的感官感知它們振動頻率的方式。也就是說，分子、原子、電子、次原子粒子，它們不斷振動，因而共同創造了你看起來是椅子、書本、樹木或身體的東西。看起來像是物質的實體，實際上是能量以一種特定範圍的頻率在振動（運動）的結果。思想的能量也是一樣的，但是它的振動頻率比物質來得高，所以看不見也摸不著。思想有它們自己振動的頻率範圍，負面思想的振動頻率較低，正面情緒的頻率則較高。痛苦之身的振動頻率和負面思想的振動頻率能夠產生共鳴，這就是爲什麼痛苦之身只能以負面思想爲食。

思想導致情緒的常見模式，在痛苦之身的例子中是相反的，至少一開始是這樣。從痛苦之身而來的情緒很快掌控了你的思考，一旦你的心智被痛苦之身接管了之後，你的思考就變成負面的了。你腦袋裡的聲音會一直訴說著一些悲慘、焦慮，或是令人憤怒的故事——有關你自己或你的生活、其他人、你的過去、未來，或是想像的事件。那個聲音還會責怪、控訴、抱怨或想像，而你完全認同那個聲音所說的事，完全相信它扭曲的觀點。在那個時候，對不幸的癮頭就開始了。

其實，不是你不能阻止自己一連串的負面思想，而是你不願意，因爲在那個時候，痛苦之身經由你而活出來了，而且還假裝是你。對痛苦之身來說，痛苦是樂趣，它貪婪地吞食每一個負面思想。事實上，平常在腦袋中的那個聲音，現在就變成痛苦之身的聲音了，它接管了內在對話。在痛苦之身和你的思考之間開始了一個惡性循環，每個思想都在餵養痛苦之身，而痛苦之身又回報以更多的思想。到一定程度，也許是幾個小時，甚至幾天以後，它飽足了，然後又回到休眠狀態，留下的是耗損了很多能量的有機體，還有非常容易受疾病侵犯的身體。聽起來它好像是個心靈寄生蟲，沒錯，這就是它的本色。

痛苦之身如何以戲劇化事件爲食

如果有其他的人在場，特別是你的伴侶或親密的家人，痛苦之身就會試圖激怒他們，也就是去「按他們的按鈕」，然後以接下來的戲碼爲食。痛苦之身最喜歡親密關係和家庭關係，因爲這是它們食物的主要來源。當他人的痛苦之身決定要把你拖下水來一起唱戲時，你是很難抗拒的，它會直覺地知道你最弱和最痛的點在那裡。如果第一次沒有成功，它會一試再試。痛苦之身是一個未成熟的原始情緒，還在尋求更多的情緒。對方的痛苦之身會想要喚醒你的，好讓兩個痛苦之身用能量彼此供養。

很多人際關係，都會定期演出暴力和破壞性痛苦之身的插曲。對一個孩子來說，目睹雙親痛苦之身演出的情緒暴力，是無法忍受的痛苦，但這卻是全世界上百萬名兒童的命運，也是他們每日面對的噩夢。這也是人類的痛苦之身世代傳遞的主要方法之一。在每個插曲之後，伴侶們和好了，然後在小我能夠容忍的極限範圍內，會有一段相對平靜的日子。

酗酒過量常常會激發痛苦之身，尤其是對男人而言，當然有些女人也是。當一個人喝醉的時候，痛苦之身掌控了他，讓他性格大變。一個極度無意識的人，如果他的痛苦之身習慣以肢體暴力爲食，通常會對他的配偶或孩子暴力相向。當他清醒後，他會覺得非常抱歉，會說他下次再也不會這麼做了，而且他是很認眞的。然而，在說話和提供保證的人，並不是那個訴諸暴力的人，所以你可以確定這種事情會一再發生，除非他能夠學會臨在，能夠辨識出自己之內的痛苦之身，因而撤離對它的認同。有的時候，一些適當的心理輔導可以幫助他做到。

大部分的痛苦之身都想要施予痛苦，也想要承受痛苦，但有些會比較傾向成爲加害者或受害者。兩者都以暴力爲食，不管是情緒暴力或肢體暴力。有些覺得自己「墜入情網」的情侶，其實是雙方的痛苦之身非常互補，因而產生吸引力。有時加害者與受害者的角色，在雙方第一次見面的時候就已經指派好了。有些原來以爲是天作之合的婚姻，到頭來才發現原來是地獄製造的。

如果你養過貓，你就知道，即使牠看起來好像睡著了，還是知道周遭發生的事，因爲只要有絲毫不尋常的聲音出現，牠的耳朵就會向來源處移動，眼睛也會稍稍張開。休眠中的痛苦之身也是如此，在某個層面上，它們還是醒著的，伺機而動，不放過任何可以觸發它們的機會。

在親密關係中，痛苦之身通常會狡猾地處於低姿態，直到兩個人開始同居，或最好是簽下了一紙合約，承諾餘生都要與對方共度。你不僅僅是與你的妻子或丈夫結婚，你也和他或她的痛苦之身結婚——對方也是。有一天，也許就在同居不久或是蜜月期的時候，你突然非常吃驚地發現伴侶的個性完全改變了。可能就是爲了一件相對來說的小事，她會用尖銳刺耳的聲音控訴你、指責你或怒罵你。或者她會變得對你冷漠疏遠，你會問：「怎麼了？」「沒事。」她說。但是她身上散發出的強烈敵意能量卻在說：「可有事了！」當你看著她的眼睛，它們不再有光彩，好像有一層厚重的簾幕已經落下，你認識和愛慕的那個存在的本體，以前是可以穿透小我而閃耀出來的，現在卻完全看不到了。回視你的，是一個完全陌生的人，她的眼中充滿仇恨、敵意、怨懟或憤怒。當她和你說話時，開口說話的不是你的配偶或伴侶，而是痛苦之身透過她在說話。她說的都是痛苦之身版本的實相——一個完全被恐懼、敵意、憤怒，以及想要別人和自己更加痛苦的欲望所扭曲的實相。

這個時候，你會懷疑這到底是不是你伴侶的眞面目，因爲這對你來說如此陌生，而你是否犯了可怕的錯誤，竟然選擇了對方？當然，它不是對方的眞面目，只是暫時接管的痛苦之身。想要找到沒有痛苦之身的伴侶非常困難，但是選擇一個痛苦之身不過於沉重的伴侶，應該是較爲明智的。

沉重的痛苦之身

有些人的痛苦之身非常沉重，從來無法完全休眠。他們雖然在微笑、很有禮貌地談話，但你不需要有特異功能，就可以感覺到他們的內在負面情緒正在表相下沸騰，隨時都在等待下一個讓他們起反應的事件，下一個讓他們責怪或對抗的人，下一件讓他們不快樂的事。他們的痛苦之身貪得無厭，永不飽足。他們擴大了小我對敵人的需要。

經由對事件的過度反應，相對來說的小事都會被不成比例地擴大，因爲他們要讓其他人也產生負面反應，好把他們拖下場，一起演戲。有些人會陷入漫長而最終毫無意義的鬥爭，或是和某些機構及個人展開法庭訴訟。有些人則深陷在對過去的配偶或伴侶的仇恨當中，無法自拔。由於無法覺知到自己內在抱持的痛苦，他們只有經由對事情的過度反應，把痛苦投射到生活事件和情境中。由於完全缺乏自我覺察，他們無法分辨出事件本身和他們對事件的反應，這兩者之間有什麼不同。對他們來說，不幸，甚至是痛苦本身，是在那個事件或情境之中。由於對自己的內在狀態毫無意識，他們甚至不知道自己非常不快樂，而且在受苦。

有時，這些有沉重痛苦之身的人會成爲各種運動的熱心分子。他們投入的運動本身可能很有價值，而他們在剛開始時也可以成功地做好一些事。然而，他們所說和所做的，都帶有負面能量，而且他們無意識地需要敵人和衝突，這些都會逐漸對他們所投入的運動產生阻力。通常最後他們都會在自己的組織中製造出敵人，因爲無論他們去哪裡，都可以找到讓他們不好過的理由，所以他們的痛苦之身可以持續找到它要追尋的東西。

娛樂、傳媒和痛苦之身

如果你對我們當代的文明不是很熟悉，或者你是從另外一個年代或其他星球剛剛來到地球的話，有一件事會讓你很驚訝：上百萬人喜愛，而且花錢去觀賞人類如何自相殘殺、互相虐待，然後稱它爲「娛樂」。

爲什麼暴力電影會吸引那麼多觀衆？這個產業的主要目的，就是要助長人類對不幸的癮頭。很顯然，喜歡看那些電影的人是因爲他們想要覺得難過。到底人的內在有什麼東西是喜歡感覺難過，然後稱之爲好的？當然，就是痛苦之身。整個娛樂界有很大部分都是在豢養它，因爲，除了過度反應、負面思考、個人戲劇化事件之外，痛苦之身也透過電影和電視螢幕的替代方式來延續自己。痛苦之身撰寫和製作這些影片，然後痛苦之身花錢去觀賞它們。

那麼，放映和觀賞電視、電影上的暴力，是否就一定是錯的呢？是否所有的暴力都是在豢養痛苦之身呢？在人類現階段進化的過程中，暴力不但處處可見，而且不斷在增加。它以舊有小我意識的形態，被集體痛苦之身擴大，在最終注定毀滅之前，還會再繼續加強。如果電影能夠以一個更寬廣、長遠的角度來演繹暴力，如果電影能夠顯示出暴力的根源和後果，顯示出它對受害者和加害者的貽害，顯示出藏匿在暴力之後的集體無意識，以及後者（也就是在人類內在以痛苦之身存在的憤怒和仇恨）如何被一代代地延續下去，那麼，這些電影在人類覺醒的過程中，就能產生重要作用。它們可以充當一面鏡子，讓人們看到自己的瘋狂。若你能夠認出內在的瘋狂（即使是你自己的），就是精神正常，就是正在揚升的覺知，也就是人類瘋狂的終結。

這類影片的確也存在，而且它們不會往痛苦之身火上加油。有些極佳的反戰電影就能如實地展現戰爭的原貌，而不是替它加上光環。餵養痛苦之身的電影會把暴力描寫成正常或值得讚賞的人類行爲，或者把暴力視爲一種光榮，而它唯一的目的就是要讓觀衆產生負面情緒，好讓對痛苦上癮的痛苦之身得償所願。

坊間流行的八卦新聞大多不是在傳播新聞，而是在散布負面情緒，也就是痛苦之身的食物。「暴行！」斗大的字樣在頭條上驚聲尖叫，或是「混帳！」。英國的小報更是箇中翹楚，它們知道負面情緒比眞正的新聞更能增加銷量。

新聞媒體，包括電視新聞，有一個普遍的傾向：以負面消息爲生。事情愈糟糕，新聞主播愈興奮，而通常這種負面的興奮是由媒體本身帶動的。痛苦之身愛死它了。

女性集體的痛苦之身

痛苦之身的集體面向有它不同之處。部落、國家和種族都有他們自己的集體痛苦之身，有些較爲沉重，部落、國家、種族中大部分的成員或多或少都分擔了其中一部分。

幾乎所有女性都負擔了女性的集體痛苦之身，尤其在月經來潮之前最容易被觸發。在那段期間，很多女性深受強烈的負面情緒所苦。

過去兩千年來對女性特質的打壓，使得小我在集體人類心靈中占了絕對優勢的主導地位。雖然女性也是有小我的，但是小我在男性的生命形式之中比較容易扎根生存，這是因爲女人不像男人那麼地與他們的心智認同。女性與內在身體及有機體的智性是比較有連結的，而直覺的本能也是源自於此。女性的生命形式也不像男性那樣封閉，對其他的生命形式比較開放、敏感，更與大自然較合拍。

如果地球上男女能量的平衡不曾被破壞，小我的擴張就可以大大地被抑制，人類就不會對大自然宣戰，我們也不會與自己的本體如此疏離。

爲了掃除異端，羅馬天主教會組織了「神聖宗教法庭」，據信在三百年間，他們虐待、殺害了三到五百萬名女性，雖然準確的人數沒有人知道，因爲史無記載。這段歷史顯然可以和納粹大屠殺並列爲人類歷史最黑暗的一章。如果一個女人表現出她對動物的喜愛，或一個人在田野、樹林中漫步，或是收集草藥，這些證據就足以讓她被冠上女巫的封號，而被綁在木柱上凌虐、燒死。神聖的女性特質被宣告爲邪惡的，而這個特質大部分的向度都從人類經驗中消失了。其他的文化和宗教，例如猶太教、伊斯蘭教，甚至佛教，也會壓抑這些女性特質的向度，雖然採取的是較溫和的方式。女性的地位因而淪爲生孩子的工具和男人的資產。那些壓抑女性特質，甚至也否認自己內在女性特質的男人，正在主導這個世界，一個完全失去平衡的世界。人類其他的歷史，也都是瘋狂史，或是說，瘋狂史的典型例證。

這種對女性特質的恐懼，只能用嚴重的集體偏執狂來形容。那麼究竟誰要爲此負責呢？我們可以說：當然，男人要負責。但是，爲什麼在基督教之前的那些古老文明，如蘇美文明、埃及文明、凱爾特文明等，都尊崇女性，而且不但不畏懼，反而讚揚女性特質？到底是什麼，讓男性突然間感受到女性的威脅？答案是：男性內在那個正在進化發展的小我。這個小我知道，只有經由男性的生命形式，它才能完全掌控地球，爲了達到這個目的，它必須讓女性軟弱無力。

隨著時間的推移，小我也掌控了大部分的女人，雖然在女性的內在，它無法像在男性之內那樣深入扎根。

目前的狀況就是，女性特質的壓抑已經內化了，甚至對大多數的女性來說也是如此。由於長久的壓抑，對很多女性來說，感受到神聖的女性特質是種情緒上的痛苦。事實上，它已經轉化成爲她們痛苦之身的一部分，和千年來女性飽受生育、強暴、奴役、虐待和暴力死亡所累積的痛苦結合在一起了。

但是現在事情有了快速的變化。很多人愈來愈有意識，小我正逐漸失去了對人類心智的控制。而因爲小我從未深植於女性，所以它在女性方面的失控較男性快速。

國家和種族的痛苦之身

有些國家，由於長期忍受各種持續不斷的集體暴力，它們的痛苦之身會比其他國家來得沉重，這就是爲什麼，歷史悠久的國家，痛苦之身也會比較強大。同樣地，比較年輕的國家，像加拿大或澳洲，還有那些受周圍的瘋狂影響較小的國家，像瑞士，會有比較輕微的集體痛苦之身。當然，在這些國家中，人們還是會有他們個人的痛苦之身要應付。如果你夠敏感，在某些國家，你一下飛機就可以感覺到它們能量場中的沉重感。在其他的國家，你則可以感覺到日常生活的表相之下，有一個潛在的暴力能量場。有些國家，例如中東地區，因爲集體痛苦之身太強烈，使得大部分的人們，不得不反覆採取無止盡、瘋狂循環的犯罪和報復行爲，如此痛苦之身才可以透過這些行為，不斷地更新。

在那些痛苦之身沉重但不強烈的國家，人們有試圖麻醉自己的傾向，以逃離集體的情緒痛苦。在德國和日本，人們藉由工作來麻痺自己，另外一些國家則經由廣泛的酒精濫用（然而酒精反而會激發痛苦之身，尤其是使用過量的時候）。中國沉重的痛苦之身，因為太極拳的修練廣為流行而減輕。每天在街道上和城市公園中，上百萬人在練習這種可以讓頭腦平靜的動態冥想，這使得他們的集體能量場有顯著的不同，可以幫助減少思維、創造臨在，繼而減輕痛苦之身。

任何與身體有關的靈修方式，例如太極、氣功和瑜伽，現在也逐漸被西方世界接受。這些修練方式不會在身體和靈性間製造分裂，同時有助於減弱痛苦之身，它們會在全球意識覺醒上扮演重要角色。

由於被迫害了好幾百年，猶太民族集體種族的痛苦之身是很明顯的。北美土著的痛苦之身也很強大，這不令人意外，因為他們的人數曾被大量削減，而他們的文化幾乎都被來自歐洲的移民給摧毀了。美國黑人的集體痛苦之身也相當明顯，他們的祖先被殘暴地連根拔起，毆打屈從，並且被賣為奴隸，美國經濟繁榮的基礎就來自於四、五百萬黑奴的辛苦勞力。事實上，美國土著和黑人所遭受的痛苦，不僅殘留在這兩個種族之中，也變成了整體美國人痛苦之身的一部分。受害者與加害者總是會同時遭受到暴力、壓迫和殘忍行為的任何苦果，因為你對他人做的事，都會回到你自己身上。

在你的痛苦之身當中，哪些部分屬於你的國家或種族，哪些部分屬於你個人，其實一點也不重要。無論何者，你只能藉由此刻為你的內在狀態負起責任而超越它。即使怪罪別人看起來是合理的，但只要你責怪別人，你就是在用思想餵養你的痛苦之身，而且被困在小我之中。這個世界上只有一個邪惡的迫害者——人類的無意識，能夠領會到這個，就是眞正的寬恕。有了寬恕，你的受害者身分就會化解，而你眞正的力量——臨在的力量——會浮現。與其詛咒黑暗，不如帶進光明。

6 破繭而出，重獲自由

想從痛苦之身獲得解脫，就要先了解你有一個痛苦之身。然後，更重要的是，在你的能力範圍內，盡量保持足夠的臨在和警覺，能夠在痛苦之身被觸動時，覺察到它是一群蜂擁而至的負面情緒。當痛苦之身被認出來以後，它就不能再假裝是你，不能再經由你而活，並更新它自己了。

有意識的臨在會打破與痛苦之身的認同。當你不再認同它，痛苦之身就不會再控制你的思考，因此也無法以你的思想爲食，繼續自我更新。在大部分的情況下，痛苦之身不會立刻因此瓦解，但是一旦切斷了它和思想間的連繫，它會開始流失能量，思緒就不會再被情緒的烏雲籠罩，你當下的認知就不會被過去扭曲。困在痛苦之身中的能量於是改變它的振動頻率，而轉化成爲臨在。這樣一來，痛苦之身反倒成了意識的助力。這就是爲什麼，地球上最有智慧、最爲開悟的男女之中，很多人都曾經有過非常沉重的痛苦之身。

無論說什麼、做什麼，或是以何種面貌面對這個世界，你都無法隱藏心理情緒的狀態。每個人都會散發出一個與內在狀態相應的能量場，而大多數人都能感受到，即使只是下意識地感受到別人散發的能量。也就是說，他們不知道自己感受到了，但是這種感受會相當程度地影響他們對那個人的感覺，還有回應的方式。有些人在與人初次見面，甚至還沒開口交談之前，就可以很清楚覺知到對方的能量場。然而過了一會兒，話語就開始掌控這份關係，而一旦開口交談，人們就會習慣性地開始扮演角色，注意力就會轉向心智的範疇，而感受對方能量場的能力就會大大減弱了。然而，你還是會在無意識的層次感受到它。

當你知道痛苦之身會無意識地尋找更多痛苦，也就是說，會期待壞事發生，那你就會明白，很多交通事故都是在駕駛人痛苦之身正活躍的時候發生的。當兩個痛苦之身都正活躍的駕駛人，同一時間到達一個路口的時候，發生交通事故的機率就會變得很高，他們兩人都無意識地想要事故發生。痛苦之身在交通事故當中扮演的角色，在所謂的「公路暴怒」（road rage）現象中最為明顯。在那種情況下，駕駛人會因為一點小事，例如在他前面的人開得太慢，就採取肢體暴力行為。

很多暴力行為，都是由暫時變成瘋子的「正常」人所犯下的。全世界法院開庭的時候，你都會聽到辯護律師說：「這是完全偏離本性的行為。」而被告會說：「我不知道我怎麼了！」就我所知，還沒有辯護律師會對法官說——也許這一天不遠了——「這是限定責任能力的案例。當事人的痛苦之身被激發了，他不知道他自己在做什麼。事實上，不是他做的，是他的痛苦之身做的。」

這是否意味著，當人們被痛苦之身掌控時，就無法為自己的行為負責了呢？我的答案是：他們怎麼負責？當你無意識，當你不知道自己在做什麼的時候，你怎麼負責？然而，從萬物長遠的發展來看，人類注定要進化成為有意識的本體，而不進化的人就會因他們的無意識而受苦，因為他們與宇宙進化的脈動不一致。

不過，這種說法也只是相對真實而已。從一個更高的角度來看，你是無法與宇宙的進化不一致的。即使人類的無意識和它所產生的痛苦，也都是那個進化的一部分。當你不能夠忍受痛苦的無盡循環時，你就會開始覺醒，所以痛苦之身也是更長遠發展計畫中必要的一部分。

臨在

一個三十多歲的女人來見我。當她和我打招呼時，我可以感應到她那禮貌和表面微笑之下的痛苦。她開始訴說她的故事，不到一秒鐘，她的微笑就變成痛苦的扭曲。然後，她開始無法抑制地啜泣。她說，她感到寂寞、空虛，有很多的憤怒和悲傷。當她還小的時候，就被她父親以肢體暴力虐待。我很快看出，她的痛苦不是現在的生活情境造成的，而是由一個特別強大的痛苦之身所引發的，她的痛苦之身已經成為她看待生活情境的一個過濾器了。她無法看到情緒上的痛苦和思想之間的連結，因為她與兩者完全認同。她也無法看到她在用思想餵養她的痛苦之身，換句話說，她與一個重擔一起生活著，那個重擔就是極度不快樂的自己。然而，在某個層面上，她一定也了解到，她的痛苦是來自她自己，而且她是自己的重擔。她已經準備好要覺醒了，這就是她來我這裡的原因。

我引導她聚焦在她身體內部的感覺上，同時要她直接去感受情緒，而不要經過她不快樂思想和不快樂故事的過濾去感受情緒。她說她來這裡是期待我能教她脫離不快樂的方法，而不是進入不快樂當中。然而，她還是勉強做了我要她做的事。淚水順著她的臉龐滑落，她整個身體都在顫抖。「在此刻，這是你的感受，」我說：「對於眼前這個事實，你什麼也不能做，因為這就是你**此刻**所感受到的。現在，如果你希望此刻能有所不同的話，你就是往既有的痛苦雪上加霜。所以，你是否可以完全接納，這就是你此刻的感受？」

她沉默了一會兒。突然間她變得很不耐煩，好像馬上要站起來一樣，並且憤怒地說：「不！我不要接受這個！」「這是誰在說話？」我問她：「是你，還是你內在的不快樂？你能了解你對於你不快樂這件事的不快樂，又是另外一層的不快樂嗎？」她又沉默了。「我不是要你去**做**任何事，我要求的只是要你看看你是否可以允許這些情緒存在。換句話說，聽起來也許有點奇怪，如果你不介意自己的不快樂，那麼你的不快樂會怎麼樣呢？你不想看看嗎？」

她有點短暫的困惑，安靜地坐了一分鐘左右，我突然注意到她的能量場有顯著的轉變。她說：「很奇怪。我還是很不快樂，但是現在它的周圍有空間了。好像不是那麼重要了。」這是我第一次聽到人家這樣形容：我的不快樂周圍有空間。當然，那個空間的出現，是因為內在能夠接納當下時刻所經歷到的一切。

我沒多說其他的話，好讓她繼續停留在那個經驗中。過了一會兒，她了解到，當她停止認同那個感覺——就是住在她裡面的那個老舊的痛苦情緒，並且把注意力直接放在情緒上，而不試圖去抗拒它的時候，它就無法再控制她的思想，繼而和心智編造的所謂「不快樂的我」的故事攪混在一起了。另外一個超越她個人過去的向度（就是臨在的向度），就進入了她的生命。如果沒有一個不快樂的故事，你是無法不快樂的，所以這就是她不快樂的終結。這也是她痛苦之身終結的開端。情緒的本身並不是不快樂，只有情緒再加上一個不快樂的故事，才會構成不快樂。

當我們的談話結束後，我很滿意自己目睹了另一個人臨在的揚升。我們以人的形式存在的主要理由，就是要把那個向度的意識帶進世界中。我也同時目睹了痛苦之身的消減，不是經由與它抗爭，而是藉由帶進意識之光。

當她離開幾分鐘以後，有個朋友送點東西過來我這裡。當她一踏進我的房間，她就說：「這裡發生了什麼事？我覺得這裡的能量很沉重，而且渾濁。我都快吐了。你要把窗戶打開，熏一些香。」我解釋說我剛才目睹了一個痛苦之身很沉重的人做了一個重大的釋放，而她感覺到的一定是剛才釋放出來的能量。然而我的朋友不想留下來多聽，她馬上就要走人。

我打開窗戶，然後出門，到附近一家印度餐廳吃晚餐。在那裡發生的事，更清楚地證實了我已經確知的事情：在某個層面，所有看起來各自獨立的痛苦之身，其實是有一定連繫的。但是，接下來這個讓我獲得證實的方式，還是令我驚詫不已。

痛苦之身的反撲

我找了個位子坐下來，然後點了餐。餐館裡還有一些其他客人。一個坐在輪椅上的中年人，坐在我附近，剛剛吃完飯。他快速而緊張地看了我一眼。幾分鐘過去，突然他變得焦躁不安，他的身體開始抽動。服務生過來收他的盤子，男人開始向服務生挑釁：「這東西難吃死了，眞噁心！」「那你爲什麼還吃了呢？」服務生問。這句話眞的惹火了他，他開始叫囂、怒罵，從他的嘴裡吐出粗俗的字眼，強烈、暴力的仇恨充滿整個房間，每個人都可以感覺到那種能量進入了身體的細胞，想要尋找依附的對象。然後他又開始對著別的客人吼叫，但是不知爲何，就是完全避開了坐在強烈臨在裡的我。我懷疑這是人類集體的痛苦之身反撲回來告訴我：「你以爲你打敗我了。看！我還在這兒呢！」還有一個可能就是，那些在我房裡被釋放出來的能量，在治療結束後尾隨我到了餐館，然後把它自己附著在一個與它能量振動頻率最相近的人身上，也就是有沉重痛苦之身的人身上。

餐館經理打開大門，說：「走吧！走吧！」那個男人坐在電動輪椅上衝了出去，留下一屋子的驚愕。一分鐘過後，他又回來。他的痛苦之身還沒善罷甘休，它還要更多。他用輪椅推開大門，狂罵髒話。一個女服務生試圖阻止他進來，他把電動輪椅設定在快速行進模式，把她一路推到牆邊。其他客人跳起來試著把他拉開。尖叫聲、咒罵聲，一團混亂。過了一會兒，警察到了，那個男人安靜下來，被勒令離開，不准再回來。女服務生幸好沒受傷，只是腿上有點瘀青。鬧劇結束後，餐廳經理來到我的桌邊，半開玩笑，但可能直覺上知道有某些關連，問我：

「是你搞的嗎？」

孩子的痛苦之身

小孩子的痛苦之身，有時會以心情不佳或退縮的狀態表現。孩子會變得悶悶不樂，拒絕交流，可能坐在角落抱個娃娃或吸吮拇指，也可能會啼哭不休，或是大發脾氣。孩子會尖叫，在地上打滾，而且變得很有破壞性。索求未遂的時候，痛苦之身就很容易被觸動，而對孩子正在發展的小我來說，需求會是很旺盛的。父母可能無助、困惑而且不可置信地看著他們的小天使在幾秒鐘之內變成了小怪物。「這些不快樂到底是從哪裡來的？」父母很疑惑。這種情形，或多或少是因爲孩子分擔到了人類的集體痛苦之身，而人類集體痛苦之身追本溯源，又回到了人類的小我身上。

孩子也有可能從父母那裡承接了他們的痛苦之身，所以父母可能會在孩子身上看到自己的影子。高度敏感的孩子也特別容易被父母的痛苦之身影響，目睹父母演出的瘋狂戲碼會帶給孩子無法承受的情緒痛苦，所以這些敏感的孩子長大以後，常常會有沉重的痛苦之身。很多父母想要在孩子面前隱藏痛苦之身，所以商量好：「我們不可以在孩子面前吵架。」這是騙不了孩子的，因為即使父母在說話時試著保持禮貌，但家裡面還是會彌漫著負面能量。被壓抑的痛苦之身毒性很強，甚至比公開活躍的痛苦之身還毒，這個心靈上的毒害會被孩子吸收，而用來發展他們自己的痛苦之身。

與非常無意識的父母共同生活，就會讓孩子下意識地學習到小我和痛苦之身。有一個女性朋友，她的雙親都有很強的小我和沉重的痛苦之身。她告訴我，當她看到父母互相叫囂謾罵的時候，即使她很愛他們，都禁不住對自己說：「這些人瘋了，我怎麼會淪落到這裡？」那個時候，她的內在已經對這種瘋狂的生活方式有了覺知，那個覺知會幫助她減少從父母那裡吸收來的痛苦。

父母通常很想知道應該怎樣應付孩子的痛苦之身。當然，最重要的問題是，他們應付自己的痛苦之身了嗎？他們是否已經在自己身上看到它了呢？他們是否能保持足夠的臨在，在痛苦之身被觸動時，就能夠覺察到那股情緒，使它沒有機會轉化成思想，並且因而變成一個「不快樂的人」？

當孩子被自己的痛苦之身攻擊時，你所能做的就是保持臨在，好讓自己不被捲入情緒化的反應中，這樣孩子的痛苦之身只能在自身上找食物。痛苦之身有時非常戲劇化，不要隨它演出，不要太認眞地對待它。如果痛苦之身因索求不遂而被觸動了，不要立刻屈從它的需求，否則孩子就會學到，「我愈不開心，我就愈能得到我想要的。」這樣會造成他未來生活功能失調。痛苦之身會因爲你沒有回應而沮喪不已，因此在它平息之前可能會反彈得更厲害，所幸在孩子身上，痛苦之身表演的插曲通常比成人來得短促。

等它平息下來，過了一會兒，或是第二天的時候，你可以和孩子談談這件事，但不要告訴孩子痛苦之身的事，而是用問問題的方式，例如，「昨天你不停尖叫的時候，是什麼東西來了？你記得嗎？它感覺起來如何？感覺好嗎？那個來到你身上的東西，它有個名字嗎？沒有名字？那如果給它取個名字，它應該叫什麼呢？如果你能看見它，它長得什麼樣子？你能不能把它的樣子畫出來看看？當它離開的時候，它怎麼樣了呢？回去睡覺了嗎？你覺得它還會再回來嗎？」

這些只是我建議可以問的一些問題，這些問題是希望能夠喚醒孩子觀察的能力，也就是臨在，這會幫助孩子不去認同他的痛苦之身。你也可以用孩子的語言，和他們談談你自己的痛苦之身。下次孩子的痛苦之身又出現時，你可以說：「它又回來了，是不是？」當你談到它的時候，盡量用孩子用過的字句來形容，引導孩子去注意到它**感覺**起來是什麼樣子。要抱持著「有興趣」和「好奇」的態度，而不是批評或責怪。

痛苦之身通常不會就此被制止，也許孩子根本不聽你說的話，但是即使在痛苦之身活躍的情況下，在孩子意識的背景中，還是會有些微的覺知存在。幾次之後，覺知會成長茁壯，而痛苦之身會減弱，孩子就會在臨在中成長。有一天你會發現，居然是孩子反過來告訴你，你的痛苦之身此刻掌握了你呢！

不快樂

不是所有的不快樂都來自痛苦之身。有些新的不快樂，是你與當下時刻不和諧一致，以某種形式拒絕否定了當下而造成的。當你能夠領悟到，當下時刻已然存在，而且不可逃避的時候，你內在會心甘情願地對它說：「好！」因此不會創造更多的不快樂。而當你的內在抗拒消失了以後，生命本身會賦予你更多力量。

痛苦之身的不快樂，始終與引發它的直接原因明顯地不成比例，換句話說，它是過度反應。這是認出痛苦之身的方法，但通常都是旁觀者（不是受苦者）才看得出來。有沉重痛苦之身的人很容易就找到理由煩惱、生氣、受傷、悲痛或恐懼。很多其他人會聳聳肩膀一笑置之，或是根本沒注意到的小事，都會變成他們極度不快樂的明顯肇因。當然，這些都不是眞正的原因，只是導火線而已，它們讓那些陳年累積的情緒起死回生，轉移進入腦袋中，擴大並且賦予小我心智結構更多能量。

痛苦之身和小我是近親，他們彼此需要。導火線事件或狀況發生時，通常會透過極度情緒化的小我的過濾來予以解釋和回應，也就是說，這些事件的重要性會被完全扭曲。你是經由內在那個情緒化的過去觀點，來看待現在的時刻，換句話說，你所看見和經歷的，不在那個事件或狀況中，而是在你心中。有的時候，事件或狀況是有些惱人，但是藉由過度反應，你強化了它。這樣的過度反應和強化，就是痛苦之身需要和喜愛的，是它的食物。

被沉重的痛苦之身掌控的人，幾乎不可能從他扭曲的觀點，也就是極度情緒化的故事中抽身而出。在故事中，如果負面情緒愈多，它就變得愈加沉重而不可理喻。所以，他無法接受故事的原貌，而把它扭曲成他要看到的事實。當你完全被困在思考的動作，以及隨之而來的情緒中時，你是無法脫身的，因為你根本不知道有出路。你被困在自己的電影和夢境之中，困在自己的地獄之中，對你而言，這就是唯一眞相，因為沒有其他的可能。從你的立場來說，你的過度反應也是唯一可能的反應。

破除對痛苦之身的認同

一個有強烈而活躍的痛苦之身的人，會散發某種特別的能量，讓其他人感到很不舒服。當遇到這樣的人時，有些人會立刻想避開，或是盡量減少接觸，他的能量場會拒人於千里之外。也有人會覺得想要攻擊那個人，所以會對他很粗魯，或是用言語攻擊他，有時甚至會暴力相向。這就說明了在他們之內，有些東西和那個人的痛苦之身相應了。挑起他們如此激烈反應的東西，其實也在他們自己之內，就是他們自己的痛苦之身。

可想而知，有沉重而頗爲活躍的痛苦之身的人，常常會面臨衝突的情境。當然，有時是他們自己主動挑釁的，但有些時候，他們可能眞的什麼也沒做，他們散發出的負面能量就足以招致敵意、引發衝突。當面臨這種活躍痛苦之身的人挑釁時，需要高度的臨在才不會隨他起舞。如果能保持臨在，有時你的臨在會讓對方撤離他對自己痛苦之身的認同，而突然經歷到奇蹟般的覺醒，也許這種覺醒很短暫，但是覺醒的過程已然展開。

很多年前，我就曾經首次目睹這樣短暫覺醒的發生。一天晚上將近十一點的時候，門鈴響了，鄰居埃塞爾充滿焦慮的聲音透過對講機傳過來：「我們必須談談，這非常重要。請讓我進來。」埃塞爾是個聰明且受過高等教育的中年婦女，她也有很強的小我和沉重的痛苦之身。她十幾歲的時候逃離納粹德國的魔掌，她的很多家人都死在集中營裡面。

埃塞爾在我的沙發上坐下來，煩躁不安，雙手也在顫抖。她從隨身的檔案夾裡拿出信件和文件，把它們攤開，鋪在沙發和地板上。我立刻有一種奇怪的感覺，好像身體內在的一個光開關被打開了，然後調到最高強度。我什麼也沒有做，只是保持開放、警覺和高度臨在——身體的每個細胞都臨在。我無思想、無評斷地看著她，同時在不帶任何心理評論的寧靜之中傾聽。一連串話從她嘴裡傾瀉而出。「他們今天又寄給我一封煩人的信，他們對我展開復仇計畫了。你一定要幫我，我們必須一起抵抗他們。什麼都阻擋不了他們邪惡的律師，我會失去我的房子，他們威脅說要驅逐我！」

原來她因爲物業管理人員未能修復好她的房子，所以拒付管理費，他們就反過來威脅說要告她。

她滔滔不絕地講了十分鐘左右。我坐著，看著她，聆聽她。突然之間她停止說話，看著她身邊的紙張，好像大夢初醒一般。她變得平靜、溫和，整個能量場都改變了。然後她看著我說：「這一點都不重要，是嗎？」「不，不重要。」我說。她又安靜地坐了幾分鐘，然後拾起她的文件離開了。第二天早上，她在街上攔住我，有點懷疑地看著我：「你對我做了什麼？昨天晚上是我多年來第一次睡得那麼香，說實在的，我睡得像個嬰兒似的。」

她相信我對她「做了」什麼，但是我什麼都沒做。她應該問我沒對她做什麼，而不是對她做了什麼。我沒有做出反應，沒有確認她故事的眞實性，也沒有餵養更多的思想給她的心智，或是餵養更多的情緒給她的痛苦之身。我只是允許她去經歷她當時所經歷到的，而允許的力量就在於不干涉和無爲。保持臨在，永遠比其他任何你可以說的、可以做的，都來得無限強大，雖然有時保持臨在也會有隨之而來的話語或動作。

發生在她身上的事還不是一個永久的轉化，而是對其他可能性的一瞥，對她內在已有的東西的一瞥。禪宗稱這樣的驚鴻一瞥爲頓悟（satori）。頓悟是臨在的一瞬間，是從你腦袋裡的聲音、你的思考過程和它們在身體上的反映（就是情緒）當中，短暫地脫身而出。這是內在空間的揚升，取代了先前混雜的思想和紊亂的情緒。

思維心智是無法理解臨在的，所以常常曲解它。它會說你不關心別人、冷漠、沒有慈悲心，或是拒絕與人來往。事實上，你是與其他人在比思想和情緒更深的層次互動，在那個層次，才有眞正的交融，一個比互動更深遠的結合。在臨在的定靜中，你可以感受到自己內在無形的本質和對方的合而爲一了。領悟到你與他人的合一，才是眞愛、眞關懷、眞慈悲。

導火線

有些痛苦之身只會對某種特定的導火線或情況做出反應，通常那種情況是與它過去所受到的某種情緒痛苦有相應之處。比方說，如果有個孩子在成長的過程中，父母總是爲了金錢而發生衝突，並且製造很多戲碼，他也許會吸收到父母對金錢的恐懼，而發展出一個隨時會被財務問題觸動的痛苦之身，孩子長大成人後，會因爲數量很小的金錢而感到煩惱或生氣。存在煩惱和憤怒背後的，則是與生存和極端恐懼有關的議題。我看過靈修中人，也就是說，相對而言比較有意識的人，一拿起電話和他們的股票或房地產經紀人講話，就會大吼大叫、責怪、控訴對方。就像每個香菸盒上面都有的健康警語，也許在每一本銀行存摺和財務報表上都應該有類似的警語：「錢財會觸動痛苦之身，導致完全無意識。」

在童年時期，曾經被父母一方或兩方忽略或拋棄的人，很可能發展出一種痛苦之身，會被任何與他們原始的、被拋棄的痛苦相應的情況觸動。也許是朋友接機的時候遲到了幾分鐘，或是配偶太晚回家，都會觸發痛苦之身的嚴重攻擊。如果他們的伴侶或配偶離開他們或撒手人寰，他們所遭受的感情上的痛苦，比一般碰到這種事情會自然產生的痛苦要大得多。他們可能會有強烈的悲痛、長期而無力承受的憂鬱，或是不可抑制的憤怒。

一名小時候被父親肢體虐待的女性可能會發現，在與任何男人的親密關係中，她的痛苦之身都很容易被觸動。或者是，組成她痛苦之身的情緒，會讓她被那些痛苦之身和她父親相近的男人所吸引，她的痛苦之身會覺得，那些可以給它更多同樣痛苦的人，特別有魅力，那種痛苦有時候會被誤解爲「墜入情網」。

一個極少受到母親關心照顧、得不到愛，又沒人要的男孩，長大以後會發展出一個沉重的、愛恨交織的痛苦之身，一方面強烈地渴求母親的愛和關注，卻得不到，一方面又痛恨母親不給他深切渴望的東西。當他長大成人後，幾乎每個女人都會觸發他痛苦之身的強烈需求——一種情緒的痛苦——然後會讓他表現出一種上癮的強迫行爲，不斷地征服、誘惑他遇到的每個女人，好讓他的痛苦之身得到它所渴求的女性之愛和關注。他會變成一個獵豔高手，但是一旦關係進入親密階段，或是他的進一步要求被拒，痛苦之身對他母親的憤怒就源源而出，而破壞了這段親密關係。

如果你能在自己的痛苦之身啓動時認出它，你很快也會了解到，究竟是什麼導火線最容易觸動它，也許是某種情境，或是其他人所做或所說的事情。當這些導火線出現時，你要立刻認出它們的眞實面貌，並且進入一個高度的警覺狀態。在一、兩秒鐘之內，你也會注意到自己情緒的反應，就是正在揚升的痛苦之身，但如果你在警覺的臨在狀態，你就不會與它認同，也就是說，痛苦之身不會掌控你，而成爲你腦袋裡的聲音。如果這時你和你的伴侶在一起的話，你可以告訴他：「剛才你說的（或做的），觸動了我的痛苦之身。」事先和你的伴侶約定好，當你們兩人之中有人做了或說了什麼，而觸動了對方的痛苦之身時，要馬上說出來。這樣一來，痛苦之身就不能再藉由在親密關係中製造戲碼而更新它自己，它不但不會把你拖入無意識當中，反而會幫助你完全地臨在。

如果每次痛苦之身揚升時，你都能保持臨在，那麼，有些痛苦之身的負面情緒能量就會被燒盡，然後轉化成更多的臨在。這時，痛苦之身的餘孽會很快撤退，等待下一個好時機重新出發，所謂的好時機就是你比較缺乏意識的時候。每當你失去臨在，就是痛苦之身重新出現的較好機會，也許是幾杯老酒下肚之後，或是觀看暴力電影時。那些最微小的負面情緒，例如被激怒或是焦慮，也可能成爲痛苦之身東山再起的契機。痛苦之身需要你的無意識，它無法忍受臨在之光。

痛苦之身——覺醒的契機

起初，痛苦之身看起來好像是人類新意識揚升的最大障礙。它占據你的心智，控制、扭曲你的思考，破壞你的人際關係，而且感覺好像是一朵占據你整個能量場的烏雲。靈性上來說，它會讓你變得無意識，也就是會讓你與你的心智及情緒完全認同。它使你過度反應，讓你說一些話或做一些事，就是蓄意要讓你自己和這個世界都更加不快樂。

然而，隨著不快樂的增加，它也會在你的生命中創造更多裂口。也許你的身體再也無法承受壓力而生病或功能失調；也許你會遭逢意外、遇到巨大的衝突情境或戲劇性事件，這些都是因爲痛苦之身想要壞事發生所造成的；也許你會加諸肢體暴力在其他人身上；也許這一切對你來說都太過沉重，你再也無法忍受那個不快樂的自己了。當然，痛苦之身就是那個虛假自我的一部分。

當你被痛苦之身掌控、當你無法認出它的眞實面目，它就變成了你小我的一部分。無論你認同什麼，也都會變成小我。痛苦之身是小我所能認同的事物當中最強而有力的一種，就像痛苦之身也需要經由小我而自我更新一樣。然而，這個不神聖的聯盟，最終會在某些情況下破裂瓦解。當痛苦之身太過沉重，小我心智結構就無法再經由它來強化自己，反而會因爲不斷受到痛苦之身能量負荷的猛烈攻擊，而日漸瓦解，就像一個電子儀器能夠用電流補充電能，但是如果電壓太高，它也會受不了而毀壞。

有強烈痛苦之身的人，常常會到達某個點，讓他們覺得再也無法忍受自己的生活，無法再承受更多的痛苦或人生戲碼了。有人曾簡單明瞭地表達這種感受，說她「受夠了不快樂」。就像我以前一樣，有些人會覺得他們無法再忍受自己了，內在的和平因此成爲他們追求的首要目標。強烈的情緒痛苦，迫使他們撤離了對心智內容和心理情緒結構的認同，而「不快樂的我」就是心智內容和心理情緒結構製造出來，並使之長存的。然後他們會領悟到，他們不快樂的故事，以及他們所感受到的情緒，都不能代表他們的本質。他們了解到，自己是知者，不是那被知的。痛苦之身不但沒有把他們拖進無意識中，反而成爲覺醒的助力，成爲迫使他們進入臨在狀態的決定性因素。

然而，現在我們目睹到前所未有的大量意識湧入地球，很多人不再需要經由遭受劇烈痛苦，才能撤離對痛苦之身的認同。每當他們覺察到自己落入了一個功能失調的狀態，他們能夠**選擇**撤離對思考和情緒的認同，而進入臨在狀態。他們不再抗拒，變得定靜而警覺，讓自己的內在和外在都與本然合一。

人類進化的下一階段不但是無可避免的，而且從地球的歷史來說，這還是我們第一次能做有意識的選擇。誰在做這個選擇呢？就是你。那麼你又是誰呢？你就是意識到了自己的那個意識。

從痛苦之身破繭而出

人們常問的問題就是：「需要多久時間，我們才能從痛苦之身解脫出來呢？」答案是，當然要看你個人痛苦之身的濃密程度，和你揚升中的臨在有多強烈而定。但是促使你加諸痛苦在自己和別人身上的，不是痛苦之身，而是你對它的認同；迫使你把舊痛一再重演，而且讓你處於無意識之中的，不是痛苦之身，而是你對它的認同。所以，比較重要的問題應該是：「需要多久時間，我們才能從對痛苦之身的認同當中解放出來呢？」

而這個問題的答案是：不需要任何時間。當痛苦之身被觸動時，如果能夠認出你所感覺到的就是你內在的痛苦之身，光這份知曉就足以打破你對它的認同，而當你停止認同它，轉化就發生了。那份知曉，可以抑制舊有情緒的升起，並防止它進入你的腦袋，也不會讓它接管你的內在對話、掌控你的行爲和與他人的互動。也就是說，痛苦之身不能再利用你，然後藉由你來自我更新了。那些老舊的情緒可能還會在你之內存活一段時間，而且會不定時地再度升起，有時也許會拐騙你再度認同它，因而模糊了那份知曉，但這是暫時的。不要將舊有的情緒投射到你所面臨的情境，意思就是，在你之內直接面對它。這也許並不好受，但它不會置你於死地，你的臨在完全足以包容它。這個情緒不是你的本質。

當你感覺到痛苦之身時，不要誤以爲自己哪裡有毛病，因爲讓自己成爲問題所在，會正中小我下懷。知曉之後，必須接納，其他任何作爲都會再度遮蓋了那份知曉。接納就是允許你自己在那個時刻完全去感受你的感覺，它是當下那個「如是」（is-ness）的一部分。你無法與本然爭辯，呃，你可以跟它爭辯啦，只是你這麼做的時候，你會受苦。經由允許，你成爲你之本是（you become what you are）——廣大的、寬闊的。你變得圓滿，你不再是一個碎片——碎片是小我的觀點。你的眞實本質展現了，而它與上帝的本質是合一的。

耶穌針對這點也說：「所以你們要圓滿，像你們的天父那樣的圓滿。」（Be ye whole, even as your Father in Heaven is whole.）新約聖經裡說的「要完美」（Be ye perfect）是錯誤翻譯，原始希臘文的意思是圓滿。也就是說，你不需要「成爲」圓滿的，你就「是」你原來的本質——無論有沒有痛苦之身。

7 找出你的本來面目

認識自己（Gnothi Seauton）——這幾個希臘字刻在德爾菲（Delphi）阿波羅神廟入口處上方，這座神廟就是聖諭之所在。在古希臘，人們來到聖諭之處，渴望找到自己終極的命運，或是尋求在某種特定狀況下應該採取的行動。大部分訪客在進入神廟時，應該都讀到了這幾個字，但是他們不了解，這幾個字所指向的眞理，比聖諭所能告訴他們的還要深遠得多。他們可能也不會了解，無論在神廟裡得到的啓示有多偉大，或是接收到的訊息有多正確，如果無法體會「認識自己」這個訓諭所蘊含的眞理，最終都是沒用的，也無法從更深層的不快樂和自己創造的痛苦中獲得解脫。這幾個字隱含的意思是，在你問任何其他的問題之前，先問生命最基本的問題：我是誰？

無意識的人——有些人長期停留在無意識狀態，終其一生困在小我當中——可以很快地告訴你他們是誰：他們的名字、職業、個人經歷、身體特徵或狀況，以及其他所有他們認同的東西。有些人看起來比較進化，因爲他們認爲自己是不朽的靈魂或聖靈，但是他們眞的認識自己嗎？或者他們只是在心智的內容當中，加上了一些聽起來很有靈性的概念而已？認識自己，比採信一連串概念或信念具有更深層的意義。靈性的概念和信念最多只能當做有用的指引，但是它們本身幾乎沒有能力解除你「認為自己是誰」的概念，這些根深柢固的概念是人類心智所受到制約的一部分。深刻地認識你自己，與心智當中浮沉的所有概念完全無關。認識你自己是要在你的本體當中扎根，而不是在你的心智當中迷失。

你認為自己是誰

你的自我感，決定了你如何看待自己的需求和生命中對你而言重要的事情。你認為重要的，就可能會讓你感到煩惱、困擾，你可以用這個標準來衡量你到底認識自己多深。你認為重要的，不一定是你說的，或是你相信的，不過，你的行動和反應會顯示它們的重要性和嚴重性。所以，你也許會這麼問自己：讓我煩惱和困擾的事情是什麼？如果小事情就能使你困擾，那麼你對自己的看法就是：很渺小。這就是你無意識的信念。什麼是小事呢？每件事情最終都是小事，因為它們都是瞬間即逝的。

你也許會說：「我相信我是不朽的靈體。」或是「我對這個瘋狂的世界感到厭倦，我要的只是平安。」直到電話響起，壞消息來了：股市崩盤；交易泡湯；車被偷走；丈母娘駕到；旅行取消；對方違約；伴侶離去；他們還要更多錢；他們說是你的錯！突然間，一股怒氣或是焦慮冒了上來，你的聲音變得尖銳無比：「我再也無法忍受這些事了。」你控訴、責怪、攻擊、防衛或爲自己辯護，這些都是在「自動導航」狀態下發生的。一分鐘前，你還說只想要內在的平安，而現在，顯然有些事情比內在的平安重要得多。此刻，你再也不是不朽的靈體了，交易、錢、合約、損失或潛在的損失，變得更爲重要。對誰來說重要呢？是你自視爲的那個不朽靈體嗎？不，是對「我」重要，就是那個藉由稍縱即逝的事物來尋求安全感或滿足感的渺小的我，也是那個如果得不到手，就會感到焦慮、憤怒的渺小的我。也好，至少現在你知道，你所認爲的自己到底是什麼了。

如果你眞心想要平安，你就會選擇平安。如果平安對你來說，比任何其他的事情都重要，如果你眞的知道自己是靈體，而不是一個渺小的我，那麼，當你在面對具有挑戰性的人或情境時，你不會做出任何反應，而且會全然地保持警覺，同時，你會馬上接納那個情境，進而與它合一，而不是對立。然後，從你的警覺之中，就會產生回應。做出回應的，是眞正的你（意識），而不是你所認爲的自己（渺小的我）。這個回應會非常有力量、有效率，而且不會把任何人或情境視爲敵人。

這個世界不會讓你一直以你所自認的假相來愚弄自己，它用的方法就是向你展現：對你而言，到底什麼是最重要的。你對不同人、事、物的因應方式（尤其是在面對挑戰的時候），就是對自己了解程度深淺的最佳指標。

對自己的觀點愈是受限，愈是以狹隘的小我觀點看待自己的話，你就愈會看見、關注、反應小我的種種限制，還有他人內在的無意識。他人的「過錯」，或是你眼中他人的過錯，對你而言，就成了他們的身分表徵。也就是說，你只會看到他們身上的小我，從而強化了自身的小我。你是在看「著」（**at**），而不是看「穿」（**through**）他們身上的小我。是誰在看著他們身上的小我呢？就是你內在的小我。

非常無意識的人，會在別人身上體察到自己小我的反射。當你明白，你在別人身上看見，而且會讓你過度反應的東西，也同樣在自己身上（有時完全是你自己的，別人根本沒有），你就開始對自己的小我有所覺知了。到了那個階段，你可能也會了解到，原來你是把你以爲別人對你做的事，反加諸在對方身上。這時，你就不會再視自己爲受害者了。

你不是小我，所以當你覺知到內在的小我時，你還是不知道你是誰，你只知道你**不是誰**。但是，經由知道你不是誰，眞正認識自己的最大障礙就解除了。

沒人可以告訴你「你是誰」，他們只會給你另一個概念，而概念無法改變你。**你的眞實身分不需要你去相信它**，事實上，每一個相信都是障礙。它甚至不需要你的理解，因爲你已經是你眞實的自己了。但是如果缺乏理解，你的眞實身分就無法在這個世界中閃耀出來，它會停留在未顯化的境界裡，當然，那才是你眞正的家。你就會像個看起來非常窮困的人，不知道自己的戶頭裡面有一億美金的存款，以致於財富對你來說，是未表現出來的潛能。

豐盛

你認為自己是誰，與你看待別人對待你的方式，有著密切的關連。很多人都抱怨別人對他不夠好。「我得不到任何尊敬、關注、認可、讚賞，」他們說，「他們根本不拿我當回事兒。」而當別人態度和善，又懷疑他們別有動機。「他們想操控我，利用我。沒有人愛我。」所以，他們眼中的自己就是：「我是一個匱乏的『渺小我』，我的需求都沒有得到滿足。」這個對於自身本質的基本誤解，在他們所有的人際關係中都造成問題。他們相信自己沒有什麼可以給予，而這個世界或他人也吝於提供他們之所需。他們眼中的眞相，完全基於對自己眞實身分的幻覺，它破壞了各種情境，傷害了所有人際關係。如果匱乏感——無論是關於金錢、讚賞或愛——已經成了身分認同的一部分的話，你就會一直經歷匱乏，你不但無法讚賞生命中已經擁有的美好事物，你的眼中也只有匱乏。讚賞生命中已經擁有的美好事物，就是所有豐盛的基礎。事實是，你認為這個世界吝於給你的，其實是你吝於給予這個世界的。你吝於付出，因為你的內心深信自己是渺小的，而且沒有東西可以付出。

花幾個星期試試以下這個方法，看看它會如何改變你的生活實相：試著付出你認為別人吝於給你的東西——讚美、感激、協助、關愛等等。你沒有這些東西嗎？那就假裝你有，然後它就會自然到來。在你開始付出之後沒多久，就會開始接收了。你不會收到你未付出過的東西。流出決定了流入。無論你認爲這個世界吝於給你的是什麼，你都已經擁有了，但是，除非你允許它流出，否則你根本不知道其實你早已擁有它。這也包括了豐盛。這個「流出決定流入」的法則，在耶穌強而有力的比喻中表達得很清楚：「你們要給人，就必有給你們的，用十足的量器，連搖帶按，上尖下流地倒在你們懷裡。」

所有豐盛的源頭都不在你之外，它就是你眞實身分的一部分，然而，試著從感謝和體認外在的豐盛開始吧。看看你生命四周的圓滿——照在皮膚上的溫暖陽光，花店門口擺放的美麗花朵，咬一口多汁的水果，或是沉浸在從天而降的充沛雨水中。在每一步中，都有著生活的圓滿。感謝所有在你周圍的豐盛，就會喚醒你內在沉睡的豐盛，然後讓它流出。當你對陌生人微笑，就已經有些微能量流出了，你就成爲給予者。時常問自己：「此時此地我可以給予什麼？我對這個人和目前的情況，能夠提供什麼幫助呢？」你不必擁有任何東西，就可以感到豐盛，而如果你持續感到豐盛，你所要的自然就會到來。豐盛只會降臨在已經擁有它的人身上，聽起來好像不太公平，當然不公平，但這就是宇宙法則。豐盛和匱乏都是你的內在狀態，而且會顯化成爲你的實相。馬太福音中耶穌是這麼說的：「因爲凡有的，還要再加給他，凡沒有的，連他所有的，也要奪去。」

認識自己與認識關於自己的事情

你也許不想了解自己，因爲你害怕可能會發現的事實。很多人都暗自擔心自己是不好的，但是你所能找到關於你自己的所有事情，都不是你；你所知道的**關於**你自己的事實，也不是你。

因爲恐懼，有些人不想知道自己眞正是誰，但有些人卻對自己極端好奇，想要知道愈多愈好。你也許對自己非常著迷，花了多年時間做心理分析，探究你童年的每個層面，發現了隱藏的恐懼和欲望，在自己人格和特性的組合中發現了層層的複雜性。過了十年，你的心理治療師終於對你和你的故事感到厭煩了，然後告訴你，你的心理分析已經完成了。當他把你送走時，也許會把一份厚達五千頁的檔案交給你，然後說：「這就是所有關於你的事情，這就是你。」你把這些沉重的檔案抱回家，起初，你很滿意終於了解自己了，但是，這種滿意很快就被一種不滿足的感覺，以及潛在的懷疑取代。你懷疑，你是誰的事實眞相，一定比這些還多。當然還有更多，但不是從量的角度，而是從質的角度來說，一些更深的向度。

心理分析和挖掘你的過去並沒有錯，只要你別把「認識自己」和「認識**關於**自己的事情」混爲一談。那份五千頁的報告是**關於**你的，指的是那些被過去所制約的心智內容。你從心理分析或自我觀察中得到的，都是**關於**你的。它不是你，它只是內容，不是本質。超越小我就是要從內容中撤離，認識自己就是做自己，而做自己就是停止與內容認同。

很多人經由他們生命的內容來定義自己，你所認知、經驗、做、想或感覺到的，都是內容。內容幾乎占據了人們所有的注意力，同時也是人們賴以認同的東西。當你想到或是提到「我的生命」時，你指的並非你所**是**（are）的那個生命，而是你所**擁有**（have）的那個生命，或是你**好像**擁有的那個生命。你指的是內容——你的年齡、健康、人際關係、財務狀況、工作和生活情境，以及你的心理情緒狀態。你生命的內在和外在情況、你的過去和未來，都是屬於內容的範疇——事件也是，也就是說，所有發生的事情，都是屬於內容。

那麼，除了內容之外，還有什麼可以用來定義我們呢？答案是，能夠讓內容存在的，也就是意識的內在空間。

混亂和較高次序

當你只是經由生命的內容來認識自己時，你會認為自己很清楚什麼對你是好的，什麼是不好的，你會將事件區分為哪些對你是好的，哪些是不好的。這種區分會分裂生命的整體性，而在生命的整體性中，萬事萬物都是彼此相關的，所有的事件都有它必要的位置和功能。然而，整體性（totality）不僅是所有事物的表相，也不僅是事物各個部分相加的總數，整體性比這些都還要更多，而且也比你的生命和這個世界所包含的東西更多。

在我們的生命和這個世界中，一連串發生的事件有時看起來像是隨機的，甚至是混亂的，其實，它們背後都暗藏了一個較高次序和目標的展開過程。禪宗很優美地表達了它的意境：「雪花飄落，片片各得其所。」我們可能永遠無法經由思考來理解這個較高次序，因爲我們所思所想的都是內容，而較高次序是從無形無相的意識範疇，以及宇宙智性中衍生出來的。然而，我們不但可以瞥見它，還可以與它和諧一致，就是說，在那個較高目的展開的過程中，做一個有意識的參與者。

當我們走進一座未受人爲干擾的森林時，我們的心智思維只看見周圍的無次序和雜亂，它甚至無法分辨生命（好的）和死亡（壞的），因爲，所有的新生命都是從腐化和敗壞中的物質裡出現的。只有當我們的內在足夠定靜，心智思考的噪音緩和下來時，我們才能領悟到，原來所有事物之中都有著隱含的和諧，也就是一種神聖性和較高次序，而在其中，萬事萬物都各就其位，無法偏離它們之所在和所是。

我們的心智比較適應人工景觀的公園，因爲這樣的公園是經由思想而規畫創造，而不是以有機的方式成長的。這種次序是心智可以理解的，但在森林中，卻有一種心智無法理解的次序，看起來似乎雜亂無章，超越了心智中好與壞的分類。你無法經由思想而理解，但是當你放下思想，保持定靜和警覺，而不試著去理解或解釋時，你就可以感受到它，只有這樣，你才能覺知到森林的神聖性。一旦感受到那個隱含的和諧與神聖性，你就會明白你與它是合一的。而當你理解了這一點，就會成爲其中有意識的參與者。如此一來，大自然就能幫助你重新與生命的整體性達成一致。

好與壞

在生命中的某個時期，大部分的人都會了解到，生命中不是只有出生、成長、成功、健康、歡樂和勝利而已，還有損失、失敗、疾病、年老、衰敗、痛苦和死亡。傳統上，這些都被貼上「好」與「壞」、「有序」和「混亂」的標籤。人們生命的「意義」通常與其定義爲「好」的事情有關，但是好的事情不斷受到衰敗、崩解、混亂、無意義和「壞」事物的威脅，當你找不到合適的解釋時，生命就此失去了意義。無論買了多少保險，每個人的生命遲早要面臨各種混亂的侵襲，也許，它是以損失、意外、疾病、傷殘、年老和死亡的形式來臨。然而，當混亂入侵一個人的生命時，會讓心智所定義的一些「有意義」的事物繼而瓦解，這些，反而是生命進入較高次序的開端。

「因這世界的智慧，在神看是愚拙。」聖經如此說。世界的智慧是什麼呢？就是思想的運作，以及那些僅由思想定義出來的意義。

思想將情況或事件孤立，然後稱之爲好或壞，好像它們是獨立存在的。過度依賴思想，會讓實相分裂成碎片。這個分裂的碎片就是幻相，但是當你困在其中，它看起來可是眞實無比。然而宇宙卻是一個不可分裂的整體，在其中，所有的人事物都是互相關連，無法單獨存在的。

萬事萬物都是深刻相連這個事實，意謂著「好與壞」的心理標籤最終是幻相，好與壞永遠代表褊狹的觀點，而且只是相對、短暫的眞實。有個故事很貼切地表達這個觀點。一位智者在摸彩活動中贏得一輛名貴轎車，他的家人和朋友都很爲他高興，而且前來祝賀：「眞棒啊！」他們說：「你好幸運哦！」智者笑著說：「也許吧！」接下來幾個星期，他高興地開著車四處兜風。有一天，一個酒後駕駛的人在十字路口撞上了他的新車，他身上多處受傷，住進了醫院。他的家人和朋友又來看他，然後說：「眞倒楣啊！」智者又笑著說：「也許吧！」當他住院時，一天晚上，他的住家附近發生山崩，整棟房子掉進海裡。他的朋友第二天又來看他說：「你在醫院裡躲過一劫，眞是幸運啊！」他又說了：「也許吧！」

這位智者所說的「也許吧」，意味著拒絕去評斷任何事情。他不但沒有評斷發生的事，反而接納它，因而有意識地與較高次序聯合一致。

心智常常很難了解那些看似隨機發生的事件，其角色或目的爲何，就像每塊拼圖在整體中的位置一樣。但是，沒有任何事件是隨機的，也沒有任何事件和事物是獨立存在，與其他人事物無關的。組成你身體的原子，曾在宇宙星辰中歷經淬鍊鍛造，即使最小一件事情的起因，基本上也是無限的，而與整體以一種無以名之的方式相連。如果你想對任何事件的起因追本溯源，恐怕得一路找回創造的太初。宇宙不是混亂的，「宇宙」（cosmos）這個字的本意就是次序，但這不是人類心智可以理解的次序，只能偶爾瞥見罷了。

不在意所發生的事情

印度偉大的哲學家和靈性導師克里希那穆提，花了超過五十年的時間，在全世界各地講學，試圖藉由話語——也就是內容——來和人們交流言語及內容無法表達的觀念。在他晚年的一場演講中，他問了一個讓聽眾非常驚訝的問題：「你們想知道我的祕密嗎？」每個人立刻豎起耳朵。聽眾當中有很多人聽他的演講二、三十年了，但還是無法領會其中的精髓。這麼多年了，大師總算要透露領悟的關鍵：「這是我的祕密，」他說，「我不在意任何發生的事情。」他並未多加闡釋，所以我相信大部分聽眾會比以前更困惑。但是他這個簡單開示所隱含的眞理，卻是非常深遠。

當「我不在意任何發生的事情」時，它隱含了什麼道理？它意味著，我內在是與所有發生的事情和諧一致的。當然，「發生的事情」，指的是每一刻的如是（suchness），而當下的「如是」是已經在那裡，如它之所是了。每一刻都只是在當下，它不會在過去或未來。而「如是」指的就是在每一刻中，內容所展現出來的形式。所謂與本然一致，意思是，我們的內在與當下發生的事情有一個「不抗拒」的關係，也就是說，不在心理上爲它貼上「好」或「壞」的標籤，就只是讓它存在。這是否意味著，你不能再採取任何行動，好爲你的生命帶來改變呢？正好相反！當你的行動是基於內在與當下時刻的和諧一致時，生命本身的智性會賦予你的行動更多力量。

是這樣的嗎？

著名的白隱禪師住在日本的一個小鎮，人們很崇敬他，很多人向他學習靈性的教導。後來，他隔壁鄰居十幾歲的女兒懷孕了，她父母憤怒地責問孩子的父親是誰，女孩最後招認說是白隱禪師。盛怒之下，她的父母衝進白隱禪師家，大聲叱責禪師，說他們的女兒已經承認他就是孩子的父親。禪師的回答就是：「是這樣的嗎？」

醜聞傳遍了小鎮和各地，禪師的名譽掃地，但這並未困擾他。沒有人再來拜見他了，他還是如如不動。孩子生下來後，父母把孩子帶去給白隱禪師：「你是孩子的父親，所以你撫養他。」於是禪師就以愛心照顧這名嬰兒。一年過去了，孩子的母親痛悔地向父母坦承，孩子眞正的父親是在肉店工作的年輕人。她的父母深感不安地去見禪師，向他道歉，並請求原諒。「我們眞的很抱歉。我們來把孩子接回去，我們的女兒承認你不是孩子的父親。」「是這樣的嗎？」當禪師交還孩子的時候，也只說了這麼一句。

禪師對假相與眞相、壞消息與好消息的回應，都是一樣的：「是這樣的嗎？」他允許每一刻的實相如實存在，無論好壞，所以他不會參與人間戲碼的演出。對他而言，所有的一切就在當下這一刻，以它如實的樣貌存在。每個事件都不是衝著他個人來的，他不會是任何人的受害者。他與當下發生的事情和諧一致，任何事情都影響不到他。只有當你抗拒所發生的事情時，才會受制於它，而你的快樂與否就會由這個世界來爲你定奪。

那個嬰兒始終是受到關愛照顧的。經由不抗拒的力量，壞事都會變成好事。白隱禪師總是回應當下時刻的需要，然而到了該放下嬰兒的時候，也就讓他離去。

你可以想像，在這個故事進展的不同階段，如果是小我當家作主的話，它會如何反應。

小我和當下時刻

你生命當中最重要、最原始的關係，就是與當下的關係，或者說是與當下時刻不同面貌的關係，也就是說，與當下所是或所發生之事間的關係。如果你與當下時刻的關係是失調的，那麼這些失調就會反映在你所有的人際關係，以及所遇到的每件事情上面。小我可以簡單地被定義爲：與當下時刻失調的關係。而在每個當下，你就可以決定你和當下時刻要有什麼樣的關係。

一旦你達到了一定的意識層次（如果你正在閱讀本書，幾乎就算達到了），就可以決定要和當下時刻建立什麼樣的關係。你想要與當下時刻爲友，還是爲敵？當下時刻與生命是不可分割的，所以，你其實是在決定要與生命發展什麼樣的關係。一旦你決定要與當下時刻爲友，就得決定是否要採行第一步：和善地與當下相處，無論它以何種僞裝出現，你都歡迎它，而你很快就會看到這樣做的效果。生命變得友善；人們很樂意幫助你，各種狀況都變成得心應手。只要一個決定就可以轉變整個實相。但是，這個決定需要不斷重複去做，直到變成一種很自然的生活方式爲止。

這個與當下爲友的決定，就是小我的終結。小我是永遠無法與當下時刻一致的，也就是說，無法與生命一致，因爲小我的本性就是會驅使它去忽視、抗拒或是貶低當下。小我藉由時間而存活，小我愈強，時間對你的掌控就愈強。在這種情況下，幾乎你的每個思想都會與過去或未來有關，而你的自我感就會以過去做爲身分的認同，或是藉由未來尋求滿足。恐懼、焦慮、期盼、後悔、罪疚、憤怒，都是被時間禁錮的意識狀態在功能失調後的產物。

小我以三種方式來看待當下時刻：達到目標的手段、障礙，或是敵人。讓我們逐一檢視這三種方式，如此，當每一種模式在你內在運作時，你就能加以辨認，並且重新做決定。

對小我來說，當下時刻最多不過是有助於達到目標的手段。它會把你帶到看似更爲重要的未來，但未來總是以「現在」的方式到來，因此，「未來」不過是你腦袋中的一個思想罷了。

這樣一來，你從來沒有全然地專注於此時此地，因為你一直忙著要去別的地方。

當這個模式變得更明顯時（這是很常見的），當下時刻就被視為需要克服的障礙了。因此，不耐煩、沮喪還有壓力就隨之而起，在我們的文化中，這就是很多人每天生活的實相和常態。生命，也就是當下，被視為「問題」，然後你就居住在一個充滿問題的世界，除非這些問題都獲得解決，否則你無法快樂、無法滿足，或是無法開始眞正的生活——起碼你是這麼認為。問題是，某個問題解決之後，另一個問題又出現了，只要你視當下時刻為障礙，問題就會不斷發生。「你要我是什麼，我就是什麼，」生命或當下如此說：「我會以你對待我的方式對待你。如果你視我為問題，我就會成為你的問題；如果你視我為障礙，我就會成為你的障礙。」

而最糟糕且常見的就是，將當下時刻視為敵人。當你痛恨眼前正在做的事，抱怨周遭的事物，咒罵正在發生或已經發生的事，或者，當你的內在對話包含了「早知道就該」和「早知道就不該」，或是一些責怪和控訴的字眼，那麼你就是和「本然」在爭辯，和既成的事實在爭辯。你把生命當成敵人，而生命就會說，「你要戰爭，你就得到戰爭。」外在實相永遠是你內在狀態的反映，你也因此會經歷敵對的外在實相。

常常問自己一個重要的問題：我和當下時刻的關係如何？然後全神貫注地找出答案。我是否只把當下當成達到目標的手段呢？我把它視為障礙嗎？我正把它變成敵人嗎？既然當下時刻是你唯一擁有的，既然生命與當下是不可分割的，那麼，這個問題的眞正意思就是：我和生命的關係如何？這個問題是揭露內在小我真面目的妙方，而且可以將你帶入臨在的狀態。雖然這個問題並不能真正體現絕對真理（畢竟，最終我和當下時刻是合一的），但它是很有用的路標，可以指引正確方向。常常問你自己這個問題，直到你不再需要它爲止。

如果你和當下時刻的關係是失調的，該如何超越它呢？最重要的，就是要在你自己之內，在你的思想之內，還有你的行動之內看到它。在看見的那一剎那，也就是覺察到你與當下時刻關係失調的那一剎那，你就是臨在的。看見的本身就是揚升的臨在。一旦你看到了功能失調，它就開始瓦解了。有些人在看見的那一剎那，會不覺失聲大笑。隨著那份覺察，你就有了選擇的力量，那個選擇就是：對當下說「是的」，並讓它成爲你的朋友。

時間的矛盾

表面上看來，當下時刻就是現在發生的事，但眼前發生的事一直在改變，所以看起來好像每一天你的生活都充滿了上千個時刻，而各種不同的事情在其中發生。時間被視爲一連串無止境的時刻，有些時刻好，有些不好。然而，如果你更仔細地觀察，也就是說，從你就近的經驗來看，你會發現，根本沒有很多不同時刻。你會發現永遠都只有「這一刻」。生命永遠是在當下，你的整個生命都是在這不間斷的當下中展開的。過去或未來時刻只存在於你的回憶或期待之中，而當你回憶或期待時，你也是在當下時刻思考過去或未來，也就是在眼前這一刻思考著它們。

那爲什麼看起來好像有很多時刻呢？因爲當下時刻與發生的事情，也就是內容，混淆了；當下的空間，與發生在那個空間中的事情混淆了。當下時刻與內容的混淆，不僅造成了時間的幻相，也創造了小我的幻相。

這是一個很矛盾的現象。我們怎麼可能否認時間的眞實性呢？你需要時間，才能從此處到彼處、燒一頓飯、建造一棟房子、讀這本書。你也需要時間成長、學習新事物。你所做的每一件事情好像都需要時間。每件事都受制於時間，而且最終，「這個血腥殘忍的暴君——時間」（莎士比亞對時間的形容）將會置你於死地。你可以把時間視爲一條緊抓著你不放的急流，或是將一切變爲灰燼的大火。

我最近和幾位老友重逢，很久沒見的一家人。我見到他們的時候感到十分詫異，幾乎脫口而問：「你們生病了嗎？發生什麼事情了？是誰把你們搞成這樣的？」那位母親手拄著拐杖，看起來好像縮小了幾號，形容枯槁，像個脫水蘋果似的。那位女兒，最後一次看到她時，還是精力充沛、充滿熱情、對青春滿懷著期待，現在則是飽受歲月折磨，流露出養育三個小孩的疲累。然後我才想起來，我們已經三十年沒見了！是時間把他們搞成這樣的。我相信他們見到我的時候，也會有同樣的感嘆吧。

似乎所有事物都受制於時間，然而，它們的發生卻都是在當下。這就是矛盾所在。不管你怎麼看，到處都有時間確實存在的**間接**證據——一個爛蘋果，還有，你在浴室鏡子中看到的面孔，跟三十年前的照片比較，也是證據。但是你找不到任何**直接**的證據，你從未經歷過時間本身，你所經歷到的都只是當下時刻，或者說，只經歷到當下發生的事。如果需要直接證據才能證明時間存在的話，那麼，時間就是不存在的，而當下是永遠存在的。

排除時間

你無法將「無小我」的境界列爲未來目標，並且努力朝它邁進。這樣做，只會招致更多的不滿足、更多的內在衝突，因爲看起來你永遠無法達成目標，無法到達無小我的境界。如果從小我中解放是你設定的未來目標，你就給了自己更多時間，而更多的時間意味著更多的小我。仔細地自我審視一下，看看你的靈性追求是否變成了一種小我的僞裝形式。如果擺脫「自我」是你的未來目標，那麼這可能是你需索更多的一種僞裝。給自己更多時間，其實準確地說，就是給你的「自我」更多時間。時間，就是過去和未來，也是心智製造的虛幻自我和小我賴以維生的工具，而時間只是在你的心智之中。它不是客觀存在的外在實體，它是爲了感官覺受而存在的心智結構，有其不可或缺的實際用途，但也是我們認識自己的最大障礙。時間是生命的水平向度，實相的表層。然而，生命還有縱向的深度，只有經由當下時刻的大門，才能接觸到它。

所以，別爲自己增加更多的時間，要把時間移除。將時間從你的意識中排除，就是將小我從你的意識中排除，這是唯一的、眞正的靈修方法。

當我們說到排除時間，當然指的不是鐘錶的時間。鐘錶時間有其實際用途，例如，與他人約定見面，或是計畫一趟旅程。沒有鐘錶時間，我們幾乎無法在這個世界上正常生活。我們談的是排除心理上的時間，心理上的時間指的就是小我心智對過去和未來的無盡關注，以及拒絕藉由與當下時刻必然存在的**本然**（isness）和諧一致，而與生命合一。

一旦把對當下習慣性地說「不」，改成說「是」，一旦允許當下時刻以本然面貌存在，你就瓦解了時間和小我。小我爲了存活，必須將時間（也就是過去和未來）變得比當下時刻更爲重要。除了索求得到滿足後的短暫片刻，小我是無法忍受與當下時刻爲友的。而任何事物都無法使小我長久滿足，只要它掌控你的生活，你不快樂的方式就有兩種，一種是所求不得，另一種就是得償所願。

本然或眼前發生的事，就是當下時刻表現的形式。只要你的內在抗拒當下，那麼外在形相（也就是這個世界），就是個不可逾越的障礙：將你和你超越外相的本質分開，將你和你之所是的無形無相至一生命分開。當你的內在對當下時刻表現的形式說「是」的時候，那個形式就會變成進入無形無相世界的大門，世界和神之間的分野就消失了。

當你抗拒生命在此刻所展現的形式，當你視當下爲手段、障礙或敵人，你就強化了自己對外相的認同，也就是小我。因此，小我就會反彈。反彈是什麼？就是對過度反應上癮。你愈是過度反應，就愈是與外相糾纏不清；愈是與外相認同，小我就愈強。你的本體再也無法穿透外相閃耀出來，或是只能勉強爲之。

經由對外相的不抗拒，在你之內、超越外相的東西就會以包容萬物的臨在出現，它也是一股比你曇花一現的形相身分（你這個人）還要強大得多的寧靜力量。它是你眞實面目的一種表達，比形相世界裡的一切都更深層。

夢者和夢

「不抗拒」是掌握宇宙間最強大力量的關鍵。經由不抗拒，意識（靈性）就從形式的桎梏中獲得解放。內在對外在形式的不抗拒——對本然或眼前發生之事沒有任何的內在抗拒，就等於否定了外在形式的絕對實相。抗拒使得這個世界和屬於它的事物變得更加眞實、更加堅固，也更爲持久，這些事物包括你自己的形相認同——你的小我。抗拒賦予這個世界和小我一定的分量和絕對的重要性，使你將自己和這個世界看得太過認眞。「形相」的遊戲因而被誤認爲是一種生存的掙扎，而當你如此認爲的時候，這個掙扎就變成了你的實相。

所有發生的事情、所有生命展現的形式，都如朝露般短暫，它們都是稍縱即逝的。事物、身體、小我、事件、狀況、思想、情緒、欲望、野心、恐懼、戲劇性事件……它們翩然來臨，而且僞裝成極爲重要的樣子，在你還沒回過神來之前，它們早已消逝無蹤，消融在它們源起的「空無」（no-thingness）之中。它們曾經是眞實的嗎？它們比一場夢（形相的夢）更眞實嗎？

當我們早上醒來時，昨晚的夢早已消逝，我們會說，「哦！只不過是一場夢罷了！不是眞的。」但是，夢裡的一些事物應該是眞實的，否則不會如此活靈活現。當死亡迫近時，我們回首一生，也會納悶這一切是否只是一場夢。即使是現在，當你回顧去年的假期或昨天發生的戲劇性事件，也同樣會看見，它們和昨晚的夢沒什麼兩樣。

有夢，即有夢者。夢就是一個短暫的形相遊戲，它自成一個世界，相對來說是眞實的，但不是絕對地眞實。而夢者，就是形相在其中來來去去的絕對實相。夢者並不是夢中人，夢中人是夢境的一部分，而夢者是夢境發生之處，也是夢境得以發生的基礎。它是相對後面的絕對，時間後面的永恆，在形相之內及之後的意識。夢者就是意識本身，也是你的本來面目。

我們現在的目的就是要在夢中甦醒。當我們在夢中甦醒，小我創造的人間戲碼就此終結，而一個更祥和、更美好的夢會升起。這就是新世界。

超越限制

每個人的生命當中，都有一段時間在追求形相層面的成長和擴展。這時你會努力克服一些限制——身體的弱點或是金錢的匱乏，你會獲取新的技能和知識，或是經由創意的行爲將一些新事物帶到世界上來，提升你自己和其他人的生命。這些事物可能是音樂或藝術作品、書籍、你提供的服務、你發揮的功能、你創立的或是付出重大貢獻的企業或組織。

當你臨在於當下時刻，當你的注意力完全在當下時，臨在就會流入你所做的事情之中，並且加以轉化，在其中就會有一定的品質和力量。當你所做的事情不是爲了達到某個特定目的（如金錢、名聲、勝利）的手段，而是爲了自我實踐；當你所做的事情都充滿了喜悅和活力，你就是處於當下時刻。當然，除非你與當下時刻友善相處，否則無法臨在。這是有效行動的基礎，不會被負面心態污染。

形相意味著限制。我們在此不僅是爲了體驗限制，更要藉由超越限制而在意識中成長。有些限制可以在外在層面克服，而有些生命中的限制則必須學會與其和睦相處，而且只能在內在之中克服。每個人遲早都會碰上這種內在的限制，這些限制可能會讓你困在小我的過度反應中，也就是處於極端不快樂的狀態；或者是，經由對本然的完全臣服，而在內在超越它們。這就是這些限制所帶來的教誨。意識的臣服狀態在你的生命開啟了一個縱向的向度——有深度的向度。藉由這個向度，一些無價的事物就被帶到這個世界上，否則這些事物仍將處於未顯化的狀態。有些人面臨的限制較嚴峻，但是經由對它們臣服，這些人會成爲療癒者或是靈性導師。有些人則是爲了減輕人類的痛苦，或是爲這個世界帶來一些別有創意的禮物，而無私地奉獻。

七〇年代末期，我在劍橋大學念書的時候，每天中午都會和一兩位朋友在研究生中心的餐廳用餐。有位坐輪椅的先生，常常會由三、四個人陪同，坐在我們附近的桌子。有一天，他就坐在我的對桌，使我不由得在近距離看著他，並對眼前的情景感到驚訝。他幾乎是完全癱瘓的，身軀瘦弱，頭部永遠只能向前低垂。一旁陪伴的一位男士小心翼翼地將食物放入他的口中，然而，大部分的食物都掉落在另一位男士端在他下巴旁的小盤子裡。有時候，這位跪在輪椅上的先生會發出難以理解的咕噥聲，此時，就會有人把耳朵湊到他嘴邊傾聽，然後竟然可以將他想說的話翻譯出來。

後來，我問我的朋友是否知道這位先生是誰。「當然啦！」我的朋友說：「他是個數學教授，旁邊的人都是他的研究生。他得了運動神經細胞萎縮症，全身各部位會逐漸癱瘓，最多只有五年可活。沒有人的命運會比他更悲慘了。」

幾個星期以後，當我正要離開研究生中心，他正好要進門。我抵著門，好讓他的電動輪椅通過，此時，我們的目光相遇，他清澈的眼神讓我感到十分訝異——沒有任何不快樂的痕跡。我立刻知道，他早已經放棄抗拒，他生活在臣服之中。

幾年以後，某天我在報攤買報紙，很驚訝地看到他出現在一份國際新聞雜誌的封面。他不但活得好好的，還成爲全球最知名的理論物理學家。他就是史蒂芬·霍金。那篇報導中有一段話，絕妙地印證了多年前我從他眼中得到的感受。他對自己生命的評論是（他現在有語音合成器可以說話了）：誰還能祈求更多呢？

本體的喜悅

不快樂或負面心態是我們這個星球上的一種疾病。我們內在的負面心態，一如外在的污染，是無所不在的，不僅出現在物質欠缺之處，在物質充裕甚至過剩的地方還更為嚴重。這令人驚訝嗎？不。在豐衣足食的世界，對外在形相的認同反而更深，更加迷失在內容中，愈加困在小我裡。

很多人相信，他們的快樂取決於外在發生的事，也就是說，取決於形相世界。他們其實不了解，外在發生的事情是宇宙中最不穩定的，也是一直在變動的。當下時刻對人們來說，不是被已發生或不該發生的事給破壞了，就是因爲一些該發生而尚未發生的事而有所缺憾。因此，人們錯失了生命本身隱含的、更深層的完美——一種永恆存在的完美，這種完美超越了正在發生或尚未發生的事，也超越了外相。接納當下時刻，並且發掘那個比任何外相更加深層、不受時間影響的完美吧。

唯一眞正的快樂——本體的喜悅，不會經由任何外在的形相、財產、成就、人物、事件或任何發生之事而降臨你身上。那個喜悅永遠不會**來到**你身上，它是散發自你內在無形無相的向度，也就是意識本身，因此它與你的本來面目是合一的。

容許小我的縮減

小我隨時都在提防任何它認爲可能會縮減自己的事物。當這種情形發生時，「自動化小我修復機制」很快就會啓動，以修復心理形式上的「我」。當有人責怪我或批評我，對小我而言就是一種自身的縮減，因此，它會立刻經由自我辯護、防衛、責怪的方式，試圖修復被縮減的自我感。對小我來說，對方是對是錯並不重要，它對自身的防衛保護，比對眞相有興趣多了。而這種防衛保護，是針對心理形式的「我」。例如，如果路上其他開車的人罵你一句「白痴」，你會立刻回罵，這種稀鬆平常的事，就是一個自動化且無意識的小我修復機制。最常見的小我修復機制就是怒氣，它可以使小我短暫但劇烈地膨脹。所有的修復機制對小我來說都很理直氣壯，但實際上卻是功能失調的。功能失調最極端的例子就是肢體暴力，以及在冠冕堂皇的幻想中自我欺騙。

有一種特別強而有力的靈性修持就是：有意識地允許小我被縮減，而不試圖去修復它。我建議你不妨經常實驗一下。比方說，當有人批評、責怪，或是辱罵你的時候，先不要立刻還以顏色或急著爲自己辯護，試著什麼都別做，讓自我形象維持在被縮減的狀態，全神貫注在此時內心深處的感受。一開始的幾秒鐘，你可能覺得很不舒服，好像自己的尺寸縮小了似的，然後，你也許會感覺到內在有一種非常鮮活的開闊感。其實你完全沒有被縮減，事實上，你擴展了。然後，你會很驚訝地發覺，當在看似被縮減的狀況下，卻絲毫不加以抗拒、反應時（不僅是外表，內在也是），你會發現根本沒有什麼實質的東西被縮減了。而經由變得「較少」，你變得更多了。當不再護衛或試圖強化自己的外在形相時，你便從對外在形相和心理自我形象的認同中跳脫。經由變得較少（就小我的觀點而言），實際上你經歷了一次擴展，並且創造了空間，讓本體得以顯露。眞正的力量，也就是你超越形相的本來面目，就可以從外表看似被減弱的形相中閃耀出來。這就是耶穌所說，「否認你自己」，或是「將你的另一頰讓他打」的眞正含義。

當然，這並不是說你可以允許自己被虐待，或是讓自己遭受無意識人們的侵害。有時候，在某些情況下，你必須很篤定地嚇阻別人的某些行爲。少了小我的防衛心作祟，你的話語會帶著力量，但沒有過度反應的蠻力。必要的時候，你也可以堅定而清楚地對某人說：「不！」而這正是我所謂的「高品質的不」，不含任何的負面心態。

尤其是當你甘於默默無聞，甘於退居幕後，你就能和宇宙的力量合一。在小我眼中的弱點，實際上卻是唯一的眞正力量。靈性的眞理，與當代文化的價值及其制約人們行爲的方式，是完全對立的。

古老的《道德經》教導我們，「做世界的山谷（爲天下谿）」，而不要做高山，這樣你就回歸到整體，而天下都是你的（誠全而歸之）。

同樣地，耶穌在他的寓言故事中也教導我們，「你被邀請的時候，要去坐在末位上，好讓那請你的人來，對你說，朋友，請上座。那時你在同席的人面前就有光彩了。因爲凡抬高自己的，必降爲卑，降卑自己的，必升爲高。」

這個修持方法的另一面，就是避免藉由炫耀以強化自我，避免強出頭、特立獨行、刻意強化自己的形象或吸引他人注意。有時候，當每個人都在表達意見時，你也許可以保持沉默，然後感覺一下當時的感受。

如外似內

當你仰望靜夜的無雲星空，你也許馬上會領悟到一個非常簡單卻深遠無比的眞理。你看到了什麼呢？月亮、星球、星星、明亮發光的銀河系，或者也許看到彗星，甚至是在我們隔壁、但距離我們有兩百萬光年之遙的仙女座群星。但是如果你進一步簡化地觀察，你又會看到什麼呢？各種物體在空間中漂浮。所以，宇宙到底包含了什麼呢？物體和空間。

如果你在靜夜下仰望無雲的星空，不會感到瞠目結舌的話，那麼你就不是眞的用心在看，因爲你沒有覺察到天空的整體性。你可能只是看到一些物體，並且試著說出它們的名字而已。如果你曾經仰望天空而感到無比敬畏，甚至是面對無可理解的奧祕而感到深深的崇敬之意，這就表示，你已經在那個片刻間，放下了對事物加以解釋和貼上標籤的欲望，你不但已經對空間中的物體有所覺察，同時也對空間本身無限的深度有所感知。你的內在必然已達到足夠的定靜狀態，才能覺察到無數大千世界所在的廣闊空間。敬畏之情並非來自對三千大千世界的驚歎，而是來自對容納三千大千世界之處的深度的驚歎。

當然，你是看不見空間的，也無法聽見、觸摸、品嘗或嗅聞它，那麼，你如何能知道它存在呢？這個聽起來很合邏輯的問題，其實已經隱含了一個基本的謬誤。空間的本質就是空無（**no-thingness**），所以，就一般口語而言，是不會「存在」的。只有事物，也就是形相，才會存在。即使稱之爲空間都可能有點誤導，因爲一旦命了名，就等於是將它視爲物件了。

應該這麼說吧，在你之內有某處是和空間十分契合的，這就是爲什麼你能夠覺察到它的原因。覺察到它？這也不完全正確，因爲如果空間的本質就是空無，沒有任何東西讓你去覺察，你又怎麼可能覺察得到它呢？

答案很簡單，卻也很深奧。當你覺察到空間，你其實並沒有覺察到任何東西，你覺察到的是覺知的本身——意識的內在空間。經由你，宇宙才能覺察到它自己！

當眼睛看不見任何東西，那個空無就被視爲空間；當耳朵聽不見任何聲音，那個空無就被當成寂靜。感官覺受是用來感知外在形相的，當外在形相不存在，處於覺知之後那無形無相的意識，也就是讓所有感知、所有經驗成爲可能的那個意識，就不會再被外相遮蔽。當你注視著太空深不可測的深度，或是聆聽日出之前清晨的寂靜，你的內在某處可以與之共鳴，一如似曾相識。然後，你就會感受到那個無限深度的空間，其實就是你內在的深度。而且你會知道，那個無形無相的寶貴寂靜，相較於構成你生命內容的有形事物，更能夠深切反映出你本來的面目。

奧義書——解釋印度吠陀經典的古代典籍，用以下的話語指出了同樣的眞理：

它是眼睛無法看到的，但眼因它而能看見。凡了悟者就知道它是梵（超靈），而非凡人所崇拜的。它是耳朵無法聽到的，但耳因它而能聽見。凡了悟者就知道它是梵（超靈），而非凡人所崇拜的。它是心智無法思量的，但心因它而能思量。凡了悟者就知道它是梵（超靈），而非凡人所崇拜的。

這本古老的典籍指出，神是無形無相的意識，也是你眞實身分的本質。其他的都是外相，也是「凡人所崇拜愛慕的」。

宇宙的雙重實相，包括了事物和空間——有形與空無——也是你自己的實相。健全的、平衡的、豐盛的人生，就是在構成實相的兩個向度（外相與空間）之間來回舞動。大多數人因爲太認同外相這個向度，認同於感官覺受、思想和情緒，以致於錯失了生命中最主要的、隱祕的另一半。與外相的認同使他們困在小我之中，動彈不得。

你所看到、聽到、感覺到、觸摸到或想到的，都只能說是實相的另一半而已，它們都是外相。在耶穌的教誨中，他將外相稱爲「這個世界」，而另一個向度則稱爲「天國或是永生」。如同空間使得所有事物得以存在，沒有了靜寂就不可能有聲響，缺少了關鍵的無形無相的向度，也就是你眞實身分的本質，你也將無法存在。如果「神」這個字不是被如此誤用了的話，我們可以稱這個本質爲神，但我比較喜歡稱它爲本體。本體是先於存在（existence）的。存在是外相、內容，也就是發生的事。存在是生命的舞臺前景，而本體則是背景，向來都是如此。

人類的集體疾病，就是人們太過關注所發生的事，因此被這個世界中不停變動的外相催眠了，完全沉浸在生活的內容中，而忘卻了自己的本質。本質是超越內容、超越外相、超越思想的。人們太過沉浸在時間之中，而忘卻了永恆。永恆是他們的本源、他們的天家、他們的命運，永恆就是你本來面目的活生生實相。

幾年前我到中國旅遊時，到過桂林附近山頂的一座佛骨塔，塔上有個金粉寫的浮雕字，我問招待我的中國朋友它是什麼意思。「它的意思是佛。」他說。「那爲什麼看起來像兩個字，而不是一個呢？」我問。「左邊這個『亻』，」他解釋，「意思是『人』，而右邊這個『弗』，意思是『不』。兩個字合在一起，就成了『佛』。」我帶著敬畏的心站在那裡。「佛」這個字本身就已經包含了所有佛陀的教導，而對那些有眼識的人來說，它更代表了生命的祕密。建構實相的兩個向度是：有形和空無、外相和無相，所謂無相，就是能夠領悟到，外相並不是你的本來面目。

8 發現內在空間

根據蘇菲教派的一個古老故事，有位住在中東地區的國王，老是在快樂與絕望的情緒中擺盪，一點小事就會讓他勃然大怒，或是引起劇烈的情緒反應，使得他的快樂像曇花一現般地轉變成失望，甚至絕望。終於有一天，國王對他自己和他的生活感到厭煩了，想要尋求出路。他派人去找一位國土中相當受人尊崇，而且據說已經開悟的智者。當智者到來，國王對他說：「我要變成和你一樣。請你給我一個可以爲我的生活帶來平衡、祥和，以及智慧的東西好嗎？我可以付出任何你要求的代價。」

智者說：「我也許可以幫你，但是這個代價太巨大了，你的整個王國給我都不夠。所以，如果你能珍惜它的話，我就把它當禮物送給你。」國王承諾他會好好珍惜這份禮物，於是智者就離開了。

幾個星期後，智者回來，交給國王一個裝飾精美的玉雕盒子。國王打開它，看到裡面有一只很簡單的金戒指，戒指上刻了字：「這個同樣也會過去。」

「這是什麼意思？」國王問。智者說：「經常戴著它，不管發生什麼事，在你評斷那件事是好或壞之前，觸摸這個戒指，然後唸上面刻的文字，這樣，你就會永遠在平安之中。」

「這個同樣也會過去」，到底是什麼使得這簡單的幾個字這麼有威力？表面上看來，當不好的情況發生時，這些字句似乎可以提供一些安慰，但同樣地，它們也會降低我們對生活中美好事物的享受，因爲當好事出現時，這些字的含義似乎變成：「別太得意了，它不會長久的。」

如果參考前面我提過的兩個故事的內容，這些字的全面含義就更清楚了。那位始終以「是這樣嗎？」做爲回應的禪師，他內在對於所有發生的事情完全沒有抗拒，也就是他的內在與當下發生的事情始終合一，所以對他而言，生活中的事都是「好」的。而那位總是以簡潔的「也許吧！」做爲論點的智者，則是啓示我們「不評斷」的智慧。這個金戒指的故事則指出了「無常」的事實，當我們能認識到「無常」時，就能做到「不執著」。不抗拒、不評斷、不執著，就是眞正自由和開悟生活的三個面相。

刻在戒指上的字不是說你不應該享受生活中美好的一切，也不是僅僅在你受苦的時候給你一些安慰而已。它們還有更深一層的任務，就是讓你覺知到，不管是好是壞，由於一切事物的無常本質，所有事物都是稍縱即逝的。當你覺知到事物的無常之後，你對它們的執著就會減少，同時你對它們的認同程度也會減低。不執著並不表示你不能享受這個世界所提供的美好事物，事實上，你可以更享受它們，因爲一旦你看清並接納萬物的無常及不斷變化的必然性之後，你可以在它們存在時好好享受其中的樂趣，而不用擔心或焦慮將來會失去它們。

不執著，你就獲得了站在制高點上綜觀全局的優勢，而不會陷在生活事件當中。你就像個太空人，看到地球被廣大的空間包圍著，而領悟了一個看似矛盾的眞理：地球是珍貴的，但同時也是不重要的。領悟到「這個同樣也會過去」能讓你不執著，而不執著會讓你進入生命的另外一個向度：內在空間。經由不執著，還有不評斷、內在不抗拒，你獲得了進入那個向度的途徑。

當不再完全認同於有形世界之後，意識，也就是眞正的你，就從有形世界的牢獄中解脫了。這份自由，就是內在空間的升起。內在深刻的定靜和微妙的平安將到來，即使在看似「不好」的境況下。「這個同樣也會過去。」頃刻間，在看似不好的事件周圍，出現了一些空間。同樣地，在情緒高低起伏的周圍，甚至痛苦的周圍，也有空間升起。更重要的是，在你的思想與思想之間，也有了空隙，而那個空隙中，會散發出不屬於這個世界的平安，因爲這個世界是有形的，而平安是屬於空間中的。這就是神的平安。

現在，你可以享受並尊崇俗世的事物，但是不會把它們原本沒有的重要性和價值加諸其上。你可以積極參與創造之舞，但是不執著於結果，也不會對這個世界做一些不合理的要求，例如：「滿足我吧，讓我快樂，讓我有安全感，告訴我我是誰」，這個世界沒有辦法給你這些；而當你也不再有這樣的期望，所有我們自己創造的痛苦就終結了。所有這些痛苦，都是由於我們過於珍視這個有形世界，而不理解內在空間那個向度所引起的。當那個向度出現在你的生活中，你就可以享受各種事物、各種經驗、各種感官的愉悅，而不會在其中迷失自己，也不會在內在執著於它們，也就是說，不會對任何屬世的東西成癮。

「這個同樣也會過去」，是眞相的指標，在指出有形世界的無常時，它也暗喻了永恆。只有你內在的永恆才能辨識出無常。

當失去或不了解這個空間的向度時，世間的事物就有了絕對的重要性，這個重要性是如此嚴肅而沉重，但事實上它們根本不存在。當我們不能從無形無相的觀點來看這個世界時，它就變得極具威脅性，最終成爲一個讓人絕望的地方。舊約聖經的先知必定體察到這一點，所以他寫道：「所有的事物都是如此令人厭倦，讓人無法訴說。」

物體意識和空間意識

大多數人的生活都充塞著各類事物：物質性的事物、要做的事、要思考的事，他們的生命就像英國首相邱吉爾定義的人類歷史：「一件屁事兒接著一件」。他們的心智充斥著雜亂的思想，一個接著一個。這就是物體意識的向度，是大多數人所經歷的主要實相，也就是讓他們的生活如此不平衡的原因。物體意識需要空間意識來平衡，才能讓健全的心智重返地球，也讓人類能夠完成使命。空間意識的揚升是人類進化的下一個階段。

空間意識意味著，除了對事物有意識之外（這指的是能意識到感官的覺受、思想和情緒），你的意識之中始終有一股覺知的暗流。所謂覺知就是指，不僅對物體、事件有意識，也意識到自己是有意識的。如果能在外在事件發生時，感受到內在那個警醒定靜的背景狀態，那就是它了！在每個人裡面都有這個向度，但是大部分的人完全沒有覺察到它。有的時候我會藉由這句問話來指出它：「你能感受到自己的臨在嗎？」

空間意識不僅代表從小我之中解放出來，也代表從對世間事物，也就是物質主義和物質化的依賴中掙脫。這是靈性的向度，而僅僅這個向度就可以給予這個世界一個超凡而眞實的意義。

當你對一件事、一個人或一個狀況感到氣憤時，眞正的肇因不在那個事件、人或狀況，而在於你失去了只有空間能提供的、看待事情的眞正觀點。你被物體意識所困，沒有覺知到意識本身那個永恆的內在空間。「這個同樣也會過去」這句話，可以當成一個指標，幫助我們重建對那個向度的覺知。

另外一個內在眞相的指標，也涵蓋在下面這句話中：「我不是爲了我認定的理由而煩惱。」（譯注：出自《奇蹟課程》學員手冊第五課）

落於思想之下或揚升其上

非常疲倦的時候，你可能會比平時更平靜、更放鬆，這是因爲你的思想平息了，所以再也記不起來那個心智製造的「問題自我」，你逐漸進入了睡眠狀態。當喝酒或嗑藥時（只要它們不會觸動你的痛苦之身），你也可能覺得比較放鬆，比較無憂無慮，而且可能會暫時比較有活力，甚至可能開始唱歌、跳舞，這些自古以來就是表達生命歡樂的方式。因爲那時你的心智比較不會負累你，你可以一瞥本體的喜悅。也許這就是爲什麼有人叫酒精飲料爲spirit（靈性）的原因吧！但這要付出很高的代價：無意識。你並不是揚升於思想之上，而是落到思想之下。再來兩杯的話，你就回歸植物狀態啦！

空間意識和「恍神」不太一樣。兩種都是超越思想的境界，這點是相同的，主要的不同處在於，在前者中，你是揚升於思想之上，而在後者中，你墜落於它之下。一個是人類意識進化的下一個階段，另一個則是退回到我們早已遺棄的遠古時代的階段。

電視

看電視是現在全世界好幾百萬人最喜愛的休閒「活動」（或者說是「不動」）。對一個年屆六十的美國人來說，他們平均花了大約十五年的時間盯著電視螢幕。在很多其他的國家，也差不多是這個數字。

很多人覺得電視能夠讓他們放鬆。仔細觀察自己，你會發現當專注在螢幕的時間愈長，你的思想活動就愈被抑止。而當花很多的時間在脫口秀、競賽節目、劇情片，甚至廣告時，你的心智就幾乎不製造任何思想了。你不但不再記得自己的問題，而且還可以暫時從自己當中解放出來，還有什麼比這個更讓人放鬆的呢？

那麼，看電視是否創造了更多內在空間呢？它能讓你更臨在嗎？很不幸，它沒有。即使你的心智很長時間沒有產生任何思想，它卻與電視節目的思考活動連結在一塊了。它與人類集體心智的電視版本連結，而且在思考著這個版本的想法。你的心智好像是靜止的，因爲它沒有在創造任何思想。但是，它不停地吸收從電視螢幕傳來的思想和影像。這引發了一種出神恍惚般的被動狀態，就像催眠的效果一樣，很容易受到擺佈。在這種狀態下，你的心智就會被所謂的「公衆意見」隨意操弄，這就是爲什麼政客、利益團體以及廣告業主心甘情願花上百萬美元的廣告費，好利用你這種無覺知的接受狀態來操控你。他們要讓他們的思想變成你的，而他們通常也都做到了。

所以，當你看電視時，通常會落入思想之下，而不是揚升於其上。這一點，電視和酒精及一些藥物是很相近的。在它將你從心智中稍微釋放的同時，你也付出了很高的代價：失去意識。就像一些藥物一樣，電視本身也有讓人上癮的特質。你拿起遙控器想要關電視，卻發現自己把所有的頻道都瀏覽一遍。半小時或一小時過去了，你還是轉來轉去，你的手指好像就是無法去按「關」這個按鈕。你還是在看，通常不是因爲有什麼有趣的東西吸引你注意，而是正因爲沒什麼好看的，所以你一直在看。一旦你上鉤了，愈無聊愈無意義的東西，反而愈讓你上癮。如果電視節目很有趣，可以激發一些想法的話，它會刺激你的腦子，讓它又開始從事思考，這是一種比較有意識的狀態，比由電視所引發的出神狀態來得好些。在這種情況下，你的注意力不會完全被螢幕上的影像所操控。

如果電視節目的內容有一定品質，就可以消減，甚至解除一些電視媒體帶來的催眠和麻醉心智的效果。有一些電視節目的確也爲很多人帶來極大幫助，帶給他們更好的生活，打開他們的心房，使他們更有意識。甚至一些不痛不癢的幽默喜劇，也可能在無意間藉由諷刺人類的愚蠢和小我，而流露一些靈性的意味。它教導我們不要把事情看得太認眞，用輕鬆的方式看待生活，最重要的是，它用讓我們發笑的方式來教導我們，而笑聲是特別具有釋放和療癒效果的。但總而言之，電視還是由一群小我掛帥的人主導的，所以電視有個隱含的目的就是：利用讓你入眠來控制你，也就是說，讓你進入無意識。然而，電視媒體還是蘊含著未開發的巨大潛力。

避免觀看那些不停用各種畫面（而且每兩三秒鐘，甚至更短的時間就轉換）來襲擊你的節目或是廣告。看太多電視，尤其是看多了以上那種節目的孩子，特別容易得到注意力缺乏症候群，現在全球有幾百萬名這樣心理失調的兒童。注意力的短缺會讓你所有的觀點和人際關係都變得膚淺，而且無法滿足你。在那種狀態下，不管做什麼，或是採取什麼行動，都會缺乏品質，因爲品質是需要高度專注的。

經常長時間看電視，不但會讓你無意識，也會讓你變得被動，並且耗費你的能量。因此，選擇你要看的節目，而不是漫無目的隨便看。看電視的時候，如果記得，請隨時感覺你身體中的生命力，或者，你也可以不時地去覺察你的呼吸。定時把眼睛特意離開螢幕一下，這樣它就不會奪走你所有的視覺感受。不要把音量開得太大，免得它完全占據你的聽覺感受。在廣告時段就把電視轉到靜音，並且確定你不會一關電視就馬上去睡覺，或更糟的是，看著電視就睡著了。

辨識出內在空間

思想之間的空隙可能已經多少在你的生活中出現了，只是你還沒有察覺到罷了。一個被經驗迷惑、制約，只會與有形世界認同的意識，也就是說，物體意識，一開始幾乎不可能覺察到空間的。它根本的含義就是，你是無法覺察到你自己的，因爲你一直在覺察其他的事物。你一直被有形世界打擾，即使看起來你好像覺察到自己了，其實你是把自己變成一個物體，一個念相，所以你覺察到的只是一個思想，不是你自己。

當你聽說內在空間這回事，你可能開始尋求它，然而，因爲你是以尋找一個物體或是一種經驗的方式在找它，所以你找不到。這也是那些尋求靈性覺醒或開悟的人所面臨的困境。因此耶穌說：「神的國的到來，沒有可供觀察的跡象，也不得說，看哪，在這裡或在那裡。因爲看哪，神的國就在你們中間。」

如果能夠不把清醒的生活都花在不滿足、愁煩、焦慮、憂鬱、絕望或耗盡在其他負面的狀態中；如果能夠享受極其簡單的事物，像聆聽雨聲、風聲；如果能夠欣賞雲彩掠過天際時的美麗，或是有時可以獨處，不會覺得孤單或需要其他娛樂的心理刺激；如果可以不求回報地從內心深處對陌生人發出善意……那就說明了，無論如何短暫，在從未間斷思考的人類心智中，已經打開了一個空間。在這種情形下，你會感到幸福，而且有一種鮮活的平安感覺，即使非常細微。這其間的強度差異可能很大，從一個好似背景般、幾乎察覺不到的滿足感，到印度古聖賢所稱的「阿南達」（ananda）——一種本體的狂喜。因爲你被制約，只能去注意有形世界，除了以間接的方式之外，你可能很難覺察到它。例如，在鑑賞美麗之物、欣賞簡單的東西、享受自己獨處，或是以愛與和善待人的能力之內，是有一個共通點的，這個共通點就是滿足、平安、活力的感覺，這就是以上那些經驗所須具備的無形背景條件。

在生活中，當看到美、善，並能辨識出簡單事物的優點時，請在你自身中尋找這個經驗的發生之處，但是不要用尋找外在事物的方式去尋找它，你沒辦法釘住它，然後說，「現在我有了」，或是在心智層面去理解，並且以某種方式來定義它。它就像萬里無雲的天空，是無形的。它是空間，是定靜，是本體的甜美，而且無限超越這些描述的話語，這些話語只是指標而已。當能夠在內在直接感受到它時，它就更深刻了。所以，每當你能夠欣賞簡單之美——一個聲音、一個眼神、一個碰觸——當你能看見事物之美，當你能對其他人有愛和慈悲的感覺時，感受一下內在那個寬廣空間，它就是那個經驗的源頭和背景。

古往今來，很多詩人和聖人都觀察到了那份眞實的快樂，我稱之爲「本體的喜悅」。它都是在一些很簡單，而且看起來一點也不起眼的事物之中找到的。大多數人都忙著尋求在自己身上能夠發生一些重要的事件，但也因此不斷錯失那些看起來不重要，卻可能相當重要的事物。德國哲學家尼采，在一個不尋常的深層定靜中，寫道：「對快樂而言，眞的不需要太多……其實，就是那些最不起眼的事、最溫和的事、最輕柔的事：蜥蜴發出的沙沙聲、一回呼吸、一次眨眼、目光的一瞥，小小的東西成就最大的快樂。保持定靜吧！」

爲什麼最小的事情會成就最大的快樂呢？因爲眞正的快樂不是由事物或事件引發的，即使剛開始看起來好像是這樣。那個事物或事件是如此微細，如此沒有威脅性，所以只在你的意識中占了小小一部分，而剩下的就是內在空間，那個沒有受到有形世界影響的意識本身。內在空間意識與你的眞正本質是別無二致的。換句話說，這些微小東西的外相爲內在空間留出了空間。而眞正的快樂，也就是本體的喜悅，是從內在空間，也就是那個未受制約的意識本身散發出來的。想要覺察到微小的、安靜的事物，你必須有個靜默的內在。高度的全神貫注是必要的。保持定靜，看，聽，保持臨在。

還有一個找出內在空間的方法：對有意識保持覺知。說，或是想：「我本是（I Am）」，而不加上任何東西。對那個隨「本我」而來的定靜保持覺知。感受你的臨在，那個赤裸、原始、未遮掩的存在本體（beingness）。它不會受到年幼或年長、富有或貧窮、好或壞，或任何其他特質的影響。它是那個孕育所有萬物、所有生命形式的廣大源頭。

你能聽到山澗之聲嗎？

有個禪師和一名弟子正靜默地走在一條山路上。到了一株古老的松樹下，他們坐下來吃了一些簡單的米飯和蔬菜。飯後，這名弟子，一名尚未掌握禪意之祕關鍵的年輕和尚，打破沉寂，問禪師：「師父，我如何進入禪呢？」

當然，他是在問，如何進入意識的狀態——就是所謂的禪。

禪師保持沉默。這名弟子焦急地等待答案，五分鐘過去了，他正要張口再問，師父突然開口了：「你聽到了那個山間的溪流聲嗎？」

這名弟子根本不知道有山間的溪流，他太忙於思考禪的意義了。現在，當他開始去聆聽這個聲音時，他嘈雜的腦子終於安靜下來。起先，他還是聽不到什麼，然後，他的思想沉寂了，一個更高的警覺狀態出現，突然，他眞的聽到了遠方一條很小的溪流發出了幾乎聽不見的呢喃聲。

「是的，我現在可以聽到了。」他說。

禪師舉起他的手指，眼睛流露出既嚴肅又溫柔的神采，說：「從那裡進入禪。」

這名弟子瞠目結舌。這是他的第一次「頓悟」，一瞬之間的開悟。他終於知道，禪就是「不知其知！」（不知道他所知道的是什麼！）

他們繼續靜默的旅程。這名弟子對於他周圍景物的鮮活感到極其訝異，他覺得好像第一次經歷到這些事物。然後，逐漸地，他的思想又開始了，那個警覺的定靜又被他心智的噪音遮蓋住了。沒多久，他又有一個問題。「師父，」他問：「我一直在想，如果我告訴你，我無法聽到那條山間小溪的聲音，你會說什麼？」禪師停下來，看著他，舉起手指說：「從那裡進入禪！」

正確的行動

小我總會問：「怎麼樣可以讓情境滿足我的需要，或是如何找到那些可以滿足我需要的情境呢？」

臨在是一個內在無限寬廣的狀態，當你臨在的時候，你問：我如何回應當下這個情境的需要？事實上，連這個問題都不需要問。你很定靜、警覺，並且對當下本然完全地開放，這樣就為這個情境注入了新的向度：空間。然後你觀看和聆聽，如此你就與這個情境合一了。所以，不是產生反應來對抗這個情境，而是與它融合，然後解決之道就從這個情境本身升起。實際上，觀看和聆聽的不是你這個人，而是那個警覺定靜的本身。這樣一來，如果可能或需要採取行動的話，你就會採取行動，或者說，正確的行動會經由你而發生。所謂正確的行動，指的是對整體而言是正確的。當行動完成後，那份警覺和寬廣的定靜還是存在。沒有人會以勝利者的姿態高舉雙手叫道：「耶！」也沒有人會說：「瞧，那是我做的！」

所有的創造力都來自內在的廣大空間。一旦創造發生了，進入物質形相之中，你要小心不要讓那個「我」或「我的」的概念又升起。如果你自認對你的成就有功勞，小我又回來了，而那個廣大空間就會被遮蓋了。

認知，但不評斷

大多數人對於他們周遭的世界只是有個模糊的了解，尤其當周邊環境對他們來說很熟悉的時候，他們腦袋裡的聲音奪走了大部分的注意力。很多人覺得，當他們到不熟悉的地方或國外旅行、探訪時，會比較有活力，因為那時他們的感官覺受力，也就是去經驗事物的能力，比思考占有更多意識，他們會變得比較臨在。但有一些人，即使在那種情況下，還是完全被他們腦袋裡的聲音占據。他們的認知和經驗，被當下立即的評斷扭曲了。他們其實那裡都沒有去，只是他們的身體在旅行而已，他們還是在自己的老地方：腦袋裡。

其實這是大多數人的情況：一旦我們認知了某些事物，我們立刻就讓小我（虛假的自我）予以評斷、闡釋、和其他事物比較、決定自己喜歡或不喜歡它、稱它爲好或壞。這些人是被囚禁在念相和物體意識之中。

除非強迫性和無意識的評斷習慣能夠停止，或至少能覺察到它，並且在它發生的時候就能夠觀察到，否則你在靈性上就無法覺醒。我們的小我就是經由不停評斷的過程而得以續存，成爲那個不受觀測的心智。當它停下來，甚至只是當你覺知到它時，你就有了內在空間，而不會被心智占據。

就近選擇一件物品——一枝筆、一張椅子、一個茶杯、一株植物，然後用視覺探索它，也就是說，帶著極大的興趣，幾乎是好奇地看著它。避免選擇一些有強烈個人色彩而容易回想起過去的東西，像什麼地方買的、誰給的等等。也避免任何有文字的東西，像書或是瓶子，因爲它們可能會激發一些思想。不要緊張，放鬆，但保持警覺，把所有的注意力都放在這件物品上，注意它的每個細節。如果思想升起了，不要陷入其中，你要注意的不是那些思想，而是感知這個動作。你能把思考帶到感知之外嗎？你是否能夠看著它，而腦袋裡不會出現批評、下結論、比較或試著了解的聲音？幾分鐘後，讓目光在四周環視一下，那警覺的注意力會照亮你眼光所及的每一件東西。

接下來，試著聆聽現場所有的聲音。用前面提到看著周遭環境的方式來聆聽。很多聲音也許是自然的——水、風、鳥，而有些聲音可能是人爲的；有的聲音也許很悅耳，有些不是。然而，不要去分辨好壞，允許每個聲音如是存在，不要闡釋它們。在這裡，放鬆而警覺的注意力同樣是關鍵。

當用這種方式看和聽時，你可能會覺察到一種細微，而且一開始根本沒注意到的平靜感。有些人感覺到它像是在背景中的一種定靜，有些人稱之爲平安。當意識不是全面被思想占據時，有一部分的意識就可以維持它無形無相、不受制約的原始狀態。這就是內在空間。

誰是經驗者？

你所看到、聽到、嘗到、碰觸到和聞到的東西，當然，都是感官的客體。它們是你所經驗到的。但誰是那個主體，那個經驗者呢？例如，你現在說：「嗯，當然，我是陳淑貞，資深會計師，四十五歲，離婚，有兩個孩子，台灣人，我就是那個主體，那個經驗者。」其實你錯了。陳淑貞，以及其他所有與陳淑貞這個心理概念認同的事物，都是經驗的客體，不是那個經驗的主體。

每個經驗都有三種可能的成分：感官覺受、思想或心理意象，還有情緒。陳淑貞、資深會計師、四十五歲、兩個孩子的母親、離過婚、台灣人，這些都是思想，所以它們是你在思考這些想法的時候，所經驗到的一部分。這些和其他你可以談論到或是想到的關於自己的事情，都是客體，不是主體。它們是你的經驗，不是經驗者。關於你是誰，你還可以加上另外一千個定義（想法），這樣做當然會增加你自己經驗的複雜度（還有你心理醫生的收入）。但是，這樣還是找不到主體——就是在所有經驗出現之前就已經存在的那個經驗者。沒有它，根本就沒有經驗可言。

那麼到底誰是經驗者？當然是你。那你又是誰？意識。那麼意識又是什麼？這個問題沒有辦法回答。一旦回答了它，就歪曲了它，使它成爲另外一個客體。意識，傳統的說法是**心靈**（**spirit**），是無法用一般文字理解的，而試著去尋找它，也是徒勞無功。

所有的「知曉」都是在二元對立的範疇內，受限於主體和客體、知曉者和被知者。沒有那個主體——我，知曉者——的話，任何事物都無法被知曉、被覺察、被思考，或被感覺到，所以它一定要維持永遠無法被知曉的狀態。這是因爲那個「我」是沒有形相的，只有形相才能被知曉。然而，如果沒有那個無形的向度，這個有形的世界就無由存在。它是這個世界生滅於其中的光明空間，那個空間就是我本是的那個生命，它是無時間性的。「我本是」是無時間性的、永恆的。在那個空間裡發生的事，都是相對而短暫的：樂與苦，得與失，生與死。

發掘內在空間，並尋得那個經驗者的最大障礙就是，你被那個經驗迷惑，而在其中喪失了自己。意思就是，意識在它自己的夢中迷失了。你被每個思想、情緒、經驗欺騙到了一個程度，以致於你事實上已經在一個夢幻的狀態中了。這已經變成了幾千年以來，人類的普遍狀態。

雖然你無法知曉意識，你卻可以意識到它就是你自己。無論你在何處，你可以在任何情況下直接感受到它。你可以在此時此地感受到，它就是你的臨在，就是內在空間，在這裡，你可以認知這一頁的句子，並且轉變成思想。它就是隱於幕後的本我（I Am）。你在讀和想的這些字句是幕前的東西，而本我則是幕後的基礎，它是支持每個經驗、思想和感受的幕後背景。

呼吸

你可以在思想續流之間創造空隙，來發掘內在空間。沒有這些間隙，你的思考是重複、無新意的，缺乏創意的火花，而這是地球上大多數人的情形。你不必擔心這些間隙的長度，幾秒鐘就夠好了。漸漸地，它們會自行延長，你絲毫不必費力。重要的不是間隙的長度，而是要常常把它們帶到生活中，這樣你的日常活動，還有你的思想續流中就會有空間出現。

最近有人給我看一個大型靈修機構的年度課程表，上面有各式各樣有趣的課程和工作坊可供選擇，讓我印象深刻。它讓我想起一種瑞典的自助大餐，在這種斯堪地那維亞半島的自助餐當中，有各式各樣令人垂涎欲滴的菜餚任你選擇。那個人問我是否可以推薦一、兩個課程，「我不知道，」我說，「它們看起來都很有趣，不過我知道的是，」我補充，「如果隨時隨地想起來的話，就去覺知你的呼吸，愈頻繁愈好。這樣做一年，它的轉化力量比你上完所有這些課程都來得大，而且它是免費的。」

覺知你的呼吸，可以把注意力從思想上移開，並且創造空間。它是創造意識的一種方法。雖然整個意識早就以未顯化的狀態存在了，我們在這裡就是要把意識帶進目前這個向度當中。

覺知你的呼吸，注意呼吸的感受，體會空氣進出你身體的感覺。在呼吸時，注意你的胸部和腹部是如何微微地擴張和收縮。一個有覺知的呼吸，就足以在一個接著一個的思想續流之中，創造一些空間。做一個有覺知的呼吸（兩個或三個當然更好），每天多做幾次，這是把空間帶入你生活的妙方。即使你和一些人一樣，每天觀呼吸冥想兩個小時或更久，其實你僅僅需要覺知到一個呼吸（你一次也只能覺察到一個）就夠了，其餘的都是記憶或期待，也就是思想。呼吸並不是你在「做」的事情，你只是目睹它的發生。呼吸是自然發生的，是你身體內在的智性在運作。你需要做的就是目睹它發生，不需要緊張或費力，同時，注意呼吸中的暫停時段，尤其是在你呼氣終了，準備開始吸氣時的那個定靜點。

很多人呼吸短淺，極不自然。你愈加覺知到你的呼吸，就愈會讓它重回自然應有的深度。

因為呼吸是如此無形無相，自古以來它就被視為等同於「心靈」——無形無相的至一生命。「神用地上的塵土造人，並將生命之氣吹進了他的鼻孔裡，然後那人就成了活的受造物。」

德文的「呼吸」這個字——**atmen**，就是從古印度文（梵文）atman來的，意思是內在常駐的聖靈，或是內在的神。

呼吸是無形無相這個事實，說明了爲什麼呼吸覺知是把空間帶入你生活中，並創造意識的一個非常有效的方式。正因爲它無形無相，不是實物，所以它也是絕佳的冥想對象。另一個理由是，呼吸是最微細、看起來最不重要的一種現象，而根據哲學家尼采的說法，「最不重要的事會創造最大的快樂！」你是不是要把呼吸覺知的練習當成一種正式的冥想方法，由你決定，然而正式的冥想方法，無法取代把空間覺知帶進你每日生活的這種練習。

覺察你的呼吸，可以迫使你進入當下時刻，而進入當下時刻是所有內在轉化的關鍵。當你意識到你的呼吸，你就絕對地臨在。你也許會注意到你無法**同時**思考並覺察你的呼吸，有意識的呼吸會讓你的心智停止，但這完全不是進入恍惚或半睡眠狀態，你還是非常清醒、高度警覺。你不是落於思想之下，而是超越了它。如果你看得更仔細，你會發現這兩種情形：完全進入當下時刻，和停止思考而不失去意識，其實是同一回事：空間意識的提升。

上癮症

一個長期、強迫性的行爲模式可稱爲癮頭，而這個癮頭在你之內，以準實體或次人格的方式存活，成爲一個能量場，不定期地會完全接管你。它甚至還會接管你的心智，以及你腦袋裡的聲音，而讓後者成爲那個癮頭的聲音。它也許會說：「你今天眞辛苦，你該得個獎勵，何必拒絕你生活中所剩的唯一樂趣呢？」如果你由於缺乏覺知，而與這個內在聲音認同的話，你就會發現你自己正走到冰箱門口，準備伸手拿那個很甜膩的巧克力蛋糕。其他時候，這個癮頭可能直接跳過心智的思考，而你會突然發現你正在抽菸，或是手上已經拿著飲料了。「這玩意兒怎麼跑到我手上的？」從菸盒中拿出菸，然後點燃，或是爲你自己倒了一杯飲料，這兩個動作都是在你完全無意識的狀態下發生的。

如果你有一個強迫性的行爲模式，例如抽菸、暴食、喝酒、看電視、上網成癮或任何其他的癮頭，可以試試：當你注意到那個強迫性的需求在你之內升起時，停下來，做三次有意識的呼吸。這樣可以創造覺知。然後花幾分鐘去覺察那個強迫性的衝動本身，它是你內在的一個能量場。有意識地去覺察你身體或心理要攝取或消耗某種物質的需要，或是要把那個強迫性行爲表達出來的欲望。然後再做幾次有意識的呼吸。之後也許你會覺得那個強迫性衝動已經消失了，至少目前是。也或許你會覺得它還是掌控你，使你不得不沉溺其中，或是把它表達出來。不要把它視爲問題，而是把你的上癮症當做上面描述的那種覺知練習的一部分。當覺知增加時，上癮的模式會變弱，最終會瓦解。然而，你要記得，當任何爲你上癮行爲辯護的思想（有時候還滿有道理的）出現在你的腦海時，要隨時逮住它們，問你自己：這是誰在說話？然後你會發現，原來是那個癮頭在說話。只要你知道這點，只要你是以心智觀察者的身分臨在，它就不太容易把你誘騙去做它想做的事。

內在身體的覺知

另外還有一個簡單卻極爲有效的方法，可以讓你在生命中找到空間，它也是與呼吸密切相關的。你會發現，當能夠感受到空氣在身體細微的進出，還有胸部和腹部的起伏時，你同時也覺知到了你的內在身體。你的注意力可能從呼吸轉移到那個內在生命力的感受，進而擴散到全身。

很多人被思想打擾，並且認同他們腦袋中的聲音，以致於無法感覺到自己內在的生命力。無法感受到賦予肉體活力的生命力，也就是你自己的生命，對你來說是莫大的損失。如此一來，你不但會開始尋找那個內在自然幸福狀態的替代品，還會尋找其他的事物來遮掩你經常出現的不安。這個不安來自於你無法與生命的活力接觸，雖然這個活力始終在那裡，但總是被忽視。人們尋找的替代品中，有藥物引起的快感、超大音量的音樂造成的過度感官刺激、驚悚或危險的活動，或是性氾濫，甚至人際關係中的一些戲碼，也成爲那個眞實活力的替代品。而最常用來遮蓋這種經常出現、如背景般的不安狀態的事物，就是親密關係：一個可以「讓我快樂」的男人或女人。當然，這也是常見的、令人失望的經驗，當那種不安再度升起，人們通常會爲此責怪他們的伴侶。

做兩、三次有意識的呼吸。現在看看你是否能探測出一點點細微的活力感，這種活力是充滿你整個內在身體的。這樣說吧，你能從內在感受你的身體嗎？很快地感受一下身體的一些部位。感覺你的手、手臂、腳和腿。你能感受到腹部、胸部、頸部和頭部嗎？你的嘴唇呢？在它們之中有生命嗎？然後再試著感受一下整個內在身體。剛開始練習時，也許要閉上眼睛，當你能夠感受到你的身體之後，睜開眼睛，環顧四周，在此同時，繼續感受你的身體。有些讀者也許覺得不需要閉上眼睛，他們可能在閱讀到這裡的時候，就能實際感受到他們的內在身體了。

內在和外在空間

內在身體不是堅實的，而是空曠的。它不是你的身體形相，而是賦予身體形相的生命。它是創造和維持身體的智性，同時協調上百種極度複雜的不同功能，這些功能人類心智可能只懂得一點點。當你覺知到它，實際上就是那個智性已經覺知到它自己了。它就是那個令人困惑的「生命」，沒有科學家找到過，因爲負責尋找它的那個意識，就是它自己！

物理學家發現，我們的感官創造了一個假相：所有物體看起來都無比堅實。這包括我們的肉體：我們感知並認爲我們的肉體是有形有相的，但其中九九．九九％其實都是空的。如果就原子本身的大小來說，原子與原子之間的距離也有這樣龐大的空間。同樣地，在每個原子自身之中，也是有如此廣闊的空間。你的肉身只不過是一個你認為「你是誰」的錯誤認知，在許多方面，身體都像外太空的微宇宙版本。為了讓你了解天體之間的空間到底有多巨大，可以試想：光速每秒可行進十八萬六千英里（三十萬公里），所以只要一秒多一點，光就可以在地球和月球之間來去，而從太陽來的光芒大約需要八分鐘才能到達地球。太空中離我們最近的鄰居，是一顆叫人馬座的星球，也是離我們自己的太陽最近的太陽。從它那裡，光需要四年半的時間才能到達地球。這顯示了圍繞著我們的空間有多廣大。還有一些銀河系之間的太空，它的浩瀚是不可思議的。從離我們這個銀河系最近的仙女座銀河系來的光，要花兩百四十萬年才能到達地球。那麼對於你的身體和這個宇宙一樣廣大無邊的事實，你能不感到驚訝嗎？

所以當你更深入那個有形有相的肉身時，它會展現出本質上的無形無相，它會成為你進入內在空間的大門。雖然內在空間也是無形的，卻是極度活躍。所謂的「空間」，就是生命全然的展現，也就是那未顯化的源頭，而所有顯化的事物都是源自那裡。這個源頭的傳統說法就是神。

思想和字句屬於有形世界，它們無法表達無形世界。所以當你說，「我可以感受到我的內在身體」就是一個思想所創造的錯誤觀點。真正的情況是，那個以一具身體呈現的意識，也就是本我的意識，已經覺知到自己了。當我不再把「我是誰」和一個短暫的形相「我」混淆在一起，那個無限和永恆的向度——神——就能經由「我」來表達自己，並指引「我」，同時它也將我從對形相的依賴中解脫出來。然而，純粹理性上的認知或相信「我不是有形有相的」並沒有幫助，最重要的是：此刻，我是否能感受到內在空間的臨在？而它真正的意思是：我是否能感受到我自己的臨在，或是，那個本我的臨在？

或許我們可以用另外一個指標來指引這個眞理。問你自己：「我是否不僅覺知到此刻正在發生的事情，同時也覺知到『當下』本身，也就是那個活生生的永恆內在空間，而萬事萬物都是在其中衍生的？」雖然這個問題看起來好像和內在身體無關，但你也許會很驚訝地發現，當你能夠覺察到當下的那個空間，你會突然感覺內在更有活力。你感覺到內在身體的活力，那種充滿活力的感覺就是本體喜悅固有的一部分。我們必須進入身體才能超越它，然後知道：我們不是我們的身體。

在日常生活中，每天盡可能用內在身體的覺知去創造空間。在等待時，在聆聽某人說話時，在你停下來注視藍天、樹木、花朵、你的伴侶或孩子時，同時感覺你內在的那個活力。這意味著你一部分的注意力或意識要保持無形無相的狀態，然後剩下的注意力或意識可用於外在的有形世界。當你用這種方法「進駐」你的身體時，它會成爲讓你保持臨在於當下的船錨。它可以幫助你，不致於迷失在自己的思考、情緒或外在的情境中。

當你思考、感覺、感知和經歷時，意識就在有形世界中誕生了。它轉世重生爲思想、感受、感官覺知及經驗。佛教徒最終想要從轉世重生中解脫出來，但這樣的輪迴其實不停在發生，而只有在此刻，經由當下的力量，你才可以從那個輪迴中跳脫。

經由完全接納當下的有形世界，你和空間產生了內在的一致，而空間就是當下的本質。經由接納，你內在就有了空間。與空間一致，而不是與有形世界一致，這會為你的生活帶來眞實的知見和平衡。

注意那個間隙

一整天，你不斷看見、聽見持續變化的事物。在看見東西和聽到聲音的第一時間——尤其如果你對那個東西不熟悉——在你的心智去評斷或解釋你所見所聞之前，通常會有一個高度警覺的間隙，而你的認知就是從這個間隙中出現的。這就是內在空間。它持續的時間因人而異，但你很容易錯過它，因為對很多人來說，這個空檔非常短暫，也許只有一秒鐘，或者更短。

它發生的過程是這樣的：一個新的景象或是聲音升起，認知開始的第一時間，在我們習慣性的思考續流之中，會有一個短暫的停頓，意識與思想分開了，因為那一刻的感官覺受也需要意識。所以一個不尋常的景象或聲音會讓你「目瞪口呆」（內在也是），也就是說，會產生一個較長的間隙。

這些空間出現的頻率和長度，會決定你享受生活的能力，以及感覺內在與其他人類及大自然連結的能力。它同時也決定了你能從小我中解脫出來的程度，因為小我對空間這個向度是完全沒有覺知的。

這些短暫空間自然發生時，如果能意識到，它們就會延長，然後，你會更頻繁地經歷單純去認知事物，而幾乎沒有思想來打擾的喜悅。你會感覺周遭的世界變得鮮活、新奇、有生氣。愈是經由抽象和概念的心理屏障去感知生活，你周遭的世界就變得愈加沒有生氣，而且單調。

失去自己以找到自己

每當放下重視有形世界身分認同的需求時，內在空間就會升起。那個需求來自小我，不是眞正的需求。我們已經簡短談過這一點。每當捨棄一些這樣的行爲模式時，內在空間就出現了。你成爲比較眞實的你，對小我來說，這看起來好像是你失去了自己，實際上卻是相反。耶穌已經教導我們，你必須先失去自己，才能找到自己。每當你能夠放下這些模式中的一種，你對自己在有形世界層次中的樣貌就少一份重視，而你那超越形相的眞實身分就會更完整地出現。你變少了，因爲這樣你可以成爲更多。

人們無意識地試圖強調他們有形世界身分的方法有很多種。如果你夠警覺的話，可以覺察到自己內在的這些無意識的模式：要求別人認可自己的功勞，如果沒有就會生氣或難過；經由訴說自己的問題、生病的經過，或是裝腔作勢，以得到關注；在別人還沒問你之前就表達自己的意見，即使這些意見對事情一點幫助也沒有；關心別人怎麼看你，比關心別人多，也就是說，利用別人做為你小我的反映，或是提高小我；試圖在別人面前炫耀自己擁有的東西、知識、好看的外表、地位、體能優勢等，好讓人另眼看待；經由對人或事的憤怒反應讓小我暫時膨脹；覺得事情都是衝著你來的，因而感覺被侵犯；以無用的心理或口頭抱怨證明你自己是對的，而別人是錯的；想要被關注，或是想要看起來很重要。

當你覺察到自己內在有這樣的模式，我建議你做個實驗。看看當你放下那個模式時，你的感覺是什麼，會發生什麼事。就只是放下它，然後看看接下來會發生什麼事。

另外一個產生意識的方式是，不在形相的層次強化自己的身分。當你不再重視形相認同時，試著發掘那經由你而流入世界的巨大力量。

靜默

有人說：「靜默是神的語言，其他都是差勁的翻譯。」靜默真的是空間的另一種表達。在生活中碰到靜默時，有意識地覺知它，這樣可以使我們與內在那個無形和永恆的向度連結，那個向度是超越思想和小我的。它可能是那個瀰漫於大自然的靜默，或是清晨在你房裡的靜默，或是在聲音與聲音之間那個沉默的間隙。靜默無形無相，所以無法經由思考覺察到它，因為思想是一種念相。覺察到靜默，意思就是保持靜默，保持靜默就是保持意識，但是沒有思想。在靜默之中，你在本質及更深的層面上，是最接近自己的。在靜默中，你是原來的你，就是在暫時承繼了這具肉體和心理形式，而被稱做一個「人」之前的那個你，也是在那個肉體和心理形式瓦解之後，即將成為的你。當靜默時，你是那個超越暫時存在的你，也就是不受制約、無形無相、永恆的意識。

9 你的內在目的

一旦不需要考慮生存的問題之後，生命的意義和目的就成了極爲重要的問題。很多人覺得困在每日生活的例行公事當中，生命的重要性被剝奪。有些人相信他們正錯過生命，或是已經錯過生命。還有人覺得深受工作要求、養家活口、金錢和生活狀況的約束。有些人深陷極端的壓力中，有些人則覺得生活極度無趣。也有人迷失在瘋狂的行徑當中，而有些人則陷入停滯不前的狀況。很多人嚮往金錢富足帶來的自由和海闊天空，有些人雖然已經享受到富足帶來的相對自由，卻又發覺即便如此，他們的生活仍然了無意義。對於尋找眞正的目的這件事，沒有任何東西可以替代。但是，眞正或主要的生命目的並不能在外在層次中求得，它和你所做的事無關，而是和你的本質有關，也就是說，和你的意識狀態有關。

因此最重要的事情，就是了解生命具有內在目的和外在目的。內在目的與你的本體有關，而且是最主要的；外在目的與你的作爲有關，它是次要的。雖然這本書談的主要是內在目的，在本章和下一章，也會討論如何使你生命的外在和內在目的和諧一致。然而，內在和外在是如此緊密相連，你幾乎不可能只談一個，而忽略另一個。

你的內在目的是覺醒，就是這麼簡單。這個目的對地球上所有人來說都是一樣的，因爲它就是人類的目的。你的內在目的，是整體目的中相當重要的一部分，所謂整體，包括宇宙及其萌生中的智性。你的外在目的會隨時間改變，也會因人而有很大的差異。找到你的內在目的，並且和它和諧一致地生活，是你成就外在目的的一個重要的基礎，它也是眞正成功的基礎。當然，就算沒有這個一致性，你仍然可以經由努力、奮鬥、決心、下苦功或是使詐而有所成就，但是，在這些努力當中卻沒有喜悅可言，而且無可避免地，它會以某種形式的受苦做爲結束。

覺醒

覺醒是意識的轉化，在其中，思想和覺知是分開的。對大多數人來說，它不是一個事件，而是他們經歷的一個過程。對於少數那些突然經歷到看似不可逆轉的戲劇化覺醒經驗的人來說，他們還是需要經歷一個過程，好讓新的意識狀態逐漸流入，並且轉化他們所做的每一件事，然後整合進入生活當中。

覺醒的時候，你不會再迷失在思想當中，而會體認到，其實你就是思想背後的覺知。自此，思想不再是那個「自我服侍」的自發活動，占有你，並且控制你的生活。覺知取代了思想，思想無法再掌控你的生活，它成爲覺知的僕人。覺知就是與宇宙智性有意識的連結。另外一個說法就是臨在，有意識而無思想。

覺醒過程的開始要仰賴恩典的行動，你不能促使它發生，或是預先準備好迎接它，也無法經由累積功德來得到它。雖然我們的頭腦非常熱中此道，但覺醒不是靠循序漸進的理性步驟可以達到的。你也毋須先成爲一個有價值的人，它可能先降臨在罪人，而不是聖者身上，不過這都不一定。這就是爲什麼耶穌會和各式各樣的人來往，不是只限於受尊敬的人。對於覺醒，你什麼都不能做，無論你做什麼，都可能是小我試圖把覺醒或開悟加入它最有價值的收藏品行列，以便讓自己更加重要，更爲壯大。你把覺醒這個**概念**，或是一個覺醒者或開悟者的形象加到心智當中，然後試著活出那樣的形象，而忘了覺醒本身。想要活出一個你加諸在自己身上或別人給你的形象，是非常不眞實的生活，這也是另一種小我扮演的無意識角色。

既然無法「做」什麼而達到覺醒，而且它不是已經發生了，就是還沒發生，那麼它怎麼可能成爲生活的主要目的呢？所謂的「目的」，不就意味著你可以「做」什麼嗎？

只有第一次的覺醒，第一次瞥見「有意識而無思想」，是需要恩典才能發生的，在你這裡不需要任何作爲。如果你覺得這本書無法理解或是了無意義，那麼，你的覺醒就還沒有發生。然而，如果你的內在對本書產生了一些回應，如果你多少能體會其中的眞理，就表示覺醒的過程已經展開。這個過程一旦開始，就不可逆轉，但是可能會被小我拖延。對某些人來說，光是讀這本書，就會啓動覺醒的過程。對其他人來說，這本書的功用就是幫助他們體認自己已經開始覺醒的事實，並且可以強化、加速這個過程。本書另一個功用就是，當內在的小我試圖重新掌控，並且阻礙覺知升起的時候，幫助人們辨識出來。對一些人來說，當他們突然覺察到習慣性思維，覺醒就發生了，尤其是覺察到那些他們已經認同了一輩子的持續性負面思想。突然間，他們心中會升起一種覺知，這種覺知能夠覺察到這些思想，卻不是它們的一部分。

覺知和思考的關係是什麼呢？覺知是思想所在的空間，當這個空間能夠意識到自己的時候，就是覺知。

當你瞥見了覺知或臨在，馬上就會知道，那時，它就不再只是腦袋中的一個概念。然後你就可以做出有意識的選擇：保持臨在，而不沉溺於無用的思考之中。你可以邀請臨在進入你的生活，也就是說，騰出空間來。覺醒的恩典來到之後，也帶來了一些責任。你可以試著繼續過你的生活，好像沒事發生一樣；你也可以看到它的重要性，並且體認到，這個正在揚升的覺知，可能是發生在你身上最重要的一件事。向著這個正在萌生的意識打開你自己，把它的光帶進這個世界，並讓它成爲生命中最重要的目的。

「我要了解神的心智，」愛因斯坦說：「剩下的都是細節。」神的心智是什麼？就是意識。了解神的心智是什麼意思？就是去覺知。所謂的細節又是什麼？就是你外在的目的，和外在所發生的事情。

所以，當你可能還在等待一些重要的事情在你生活中發生時，你也許還不了解，每個人身上可能發生的最重要的事情，早已經發生在你的內在了，也就是，思考和覺知分裂的過程已然展開。

對很多正在經歷初期覺醒過程的人來說，他們已經不再確定自己的外在目的究竟是什麼。驅動這個世界的力量已經無法再驅使他們了。當認清人類文明的瘋狂之後，他們可能會覺得與周遭文化格格不入。有些人會覺得，他們好像住在兩個截然不同世界之間的無人地帶，他們不再被自己的小我主宰，但是正在揚升的覺知又還沒有完全整合進生活中，內在和外在的目的尚未合而爲一。

關於「內在目的」的對話

下面的對話是從我和許多人的談話中節錄出來的，這些人正在尋找眞正的生命目的。當某些東西能夠表達你內在最深的本體，並且與之共鳴，同時又能與你內在目的一致的時候，你就知道它們是眞實的。這就是爲什麼我要引導這些人一開始就先去注意他們的內在目的，也就是最重要的目的。

我想要生活有些改變，但是我不知道到底要什麼。我要擴展，我要做一些有意義的事，而且，是的，我要金錢的富足和它帶來的自由。我想做一些重要的事，一些可以爲這個世界帶來改變的事，但是如果你問我究竟要什麼，我只能說我不知道。你能幫我找出生命的目的嗎？

你的目的就是坐在這裡跟我說話，因爲這就是你目前所在之處，而且就是你正在做的事。直到你起身去做別的事，然後，那件事又會變成你的目的。

所以，我的目的就是在接下來的三十年中，坐在辦公室裡，直到我退休或是被解雇？

你現在不是在你的辦公室裡，所以那就不是你的目的。當你眞的坐在你的辦公室裡做事，那麼，那些事就是你的目的。不是接下來的三十年，而是現在。

我想我們可能有些誤解吧。對你來說，所謂目的，就是你現在正在做的事；對我而言，目的指的是生命中的總體目標，一個遠大且重要的目標，可以讓我做的事變得有意義，一個可以帶來一些改變的目標。坐在辦公室裡翻動文件不是我所謂的目標。這一點我很清楚。

如果你沒有覺察到你的本體，那麼，你就只能在作爲（doing）和未來的向度中尋求意義，也就是說，在時間的向度中尋找。無論你找到的是何種意義和滿足，最終都會瓦解，或是變成一種謊言，同時一定會被時間摧毀。在那個層次找到的任何意義，都只是相對的、短暫的眞實。

例如，如果養育孩子爲你的生命帶來意義，那麼當他們不需要你，甚至不聽你話的時候，你的意義會變成怎樣？如果幫助他人爲你的生命帶來意義，你就得期望別人始終比你差，如此，生命才會持續有意義，同時你才會對自己感到滿意。如果出類拔萃的欲望，或是在某種活動上的成功會爲你帶來意義，那麼，如果你無法獲勝，或是你致勝的運氣有一天到了盡頭（總是會的），那又如何？到時候，你就必須仰仗你的想像力或記憶來尋找意義，而想像力和記憶都無法爲生命帶來滿足。無論在哪個領域，所謂「有成就」，都是要在其他成千上萬人都「沒有成就」的情況下，才會顯得有意義。所以你需要別人的失敗，才能讓你的生命有意義。

我並不是說幫助他人、照顧小孩，或是在各個領域中追求卓越，都是不值得去做的事情。對很多人來說，這些都是他們外在目的很重要的一部分。但是，如果純粹只有外在目的，那它始終是相對、不穩定，而且無常的。這並不是說你不應該參與這些活動，而是說，你應該讓這些活動與你的內在目的、主要目的連結，如此一來，更深層的意義才會流入你所做的事情當中。

如果你的生活無法與主要目的一致，那麼，無論你追求的目的是什麼，即使是在地球上創造天堂，都會是出於小我，或是被時間摧毀。這種情況遲早會導致某種痛苦。如果你忽視內在目的，無論你做什麼，即使看起來跟靈性有關，小我都會乘虛而入，干涉你做事的**方式**，所以最終，你做事的方式會敗壞你的目的。常言道：「地獄之路是好的意圖鋪起來的。」就指出了這個眞理。換言之，你的目標或行動不是主要目的，重要的是：它們是出於何種意識狀態？完成你的主要目的，就是爲一個新的實相、一個新世界奠基。一旦基礎奠定了，你的外在目的就會滿載靈性力量，因爲你的目標和意圖都會與宇宙進化的脈動一致。

你主要目的之核心——思考和覺知的分離，是經由時間的消失而發生的。當然，這裡指的不是時間的實用性質，例如和他人約定時間或安排旅程。這裡指的不是鐘錶時間，而是心理上的時間。所謂心理上的時間就是我們心智最根深柢固的習慣：在無法尋求圓滿的未來之中，追尋生命的圓滿，同時忽略唯一可以進入圓滿的那個點——當下時刻。

當你把所做之事或所在之處視爲人生的主要目的，時間就消失了，這會賦予你極大的力量。在做事的時候讓時間消失，也會連結內在目的和外在目的，並連結你的本體和你的作爲（doing）。當你讓時間消失，同時也讓小我消失了，無論你做什麼，都會做得非常好，因爲「做」本身已經成爲你注意的焦點了。你所做的事就會成爲意識進入這個世界的管道，這意味著你所做的事情中會有一定的品質，即使是最簡單的一些行爲，像翻電話號碼簿，或是穿越這個房間。翻頁的主要目的就是翻頁，第二目的是尋找電話號碼；穿越房間的主要目的就是穿越房間，第二目的則是去房間的另一邊拿一本書。當你拿起那本書的那一刻，拿書又成爲你的主要目的了。

也許你記得我們先前談過的時間的矛盾：你所做的事雖然需要時間，但它總是發生在當下。你的內在目的就是讓時間消失，而你的外在目的一定會牽扯到未來，所以沒有時間就無法存在，但它始終都是次要的。每當你感到焦慮或是壓力時，外在目的就已經接管了，你也因而忽略了你的內在目的。同時，你也忘記了你的意識狀態才是最重要的，其他的都在其次。

像這樣的生活難道不會阻止我成就某些大事嗎？我害怕此生將永遠卡在瑣碎的小事上，就是那些無關緊要的小事。我擔心我永遠無法從平庸中超脫，永遠不敢去成就偉大的事業，不能發揮我的潛能。

偉大的事情其實是從那些受尊重且被關注的小事中產生的，每個人的生活都是由小事組成的。偉大是個心理的抽象概念，也是小我最喜歡的幻想。矛盾就在於：豐功偉業的基礎就是尊重每個當下的小事，而不是一心追求崇高偉大。當下時刻的事始終都是小事，因爲它們都很簡單，但其中卻蘊含了最大的力量。就像原子，它是最小的東西，卻擁有極大的力量。只有當你和當下時刻一致的時候，才能夠得到那股力量。這麼說也許更貼切：就是在那種情況下，那股力量才能接觸到你，並經由你而來到這個世界。當耶穌說：「不是我，乃是住在我裡面的天父做的。」指的就是這股力量。他還說：「從我自己不能成就什麼。」焦慮、壓力和負面心態會讓你遠離這個力量，然後，你又會錯以爲你和主宰宇宙的力量是分裂的。你感覺自己又是孤單一人，永遠都在爲一些事情掙扎，或試圖要成就某些事。但是爲什麼焦慮、壓力和負面心態會發生呢？因爲你轉離了當下時刻。爲什麼你會這樣做呢？因爲你以爲別的東西更重要。你忘了你的主要目的。一個小小的錯誤，一個錯誤的認知，創造了一個受苦的世界。

經由當下時刻，你能汲取生命本身的力量，傳統上那個力量就叫做「神」。只要你轉離了它，神在你的生命中就不是一個實相了，然後你所剩下的就只是「神」的心理**概念**，有些人相信這個概念，有些人不信。即使你說相信神，這種相信也只不過是個差勁的替代品，替代了神在你生命的每一刻顯化出來的、活生生的實相。

與當下時刻完全和諧一致，是否意味著停止所有活動？任何目標的存在是否意味著，與當下時刻的和諧狀態會暫時瓦解，而當目標達成後，再與當下時刻在一個更高或更複雜的層次重新達成和諧？我可以想像一株從土壤中鑽出來的小樹苗，是無法和當下時刻完全和諧一致的，因為它有一個目標：它要長成一棵大樹。也許一旦它成熟之後，就會與當下時刻達到和諧狀態。

小樹苗什麼都不需要，因爲它和整體合一，而整體經由它行動。「看看野地裡的百合花是如何生長的。」耶穌說：「它們既不勞苦，也不紡紗，但即使所羅門王極其榮華的時候，他身上所穿戴的，都還不如它們呢。」我們可以說，那個整體，也就是至一生命，要那個小樹苗成爲一棵樹，但是這個小樹苗並不認爲自己與至一生命是分離的，因此它什麼都不需要，它與至一生命所要的一樣，這就是它既不擔憂也不焦慮的原因。而如果它早夭了，它會安詳地死亡。它臣服於死亡，就像臣服於生命一樣。它可以感受到（即使有些不明就裡）自己深植於本體之中，也就是那個無形、永恆的至一生命之中。

就像中國古代道家的聖人一樣，耶穌喜歡吸引我們去注意大自然，因爲在大自然中，他看到一股人類已經失去連繫的力量在運作，那就是宇宙的創造力。耶穌接著說，如果連簡單的花朵，神都將它們裝扮得如此美麗，那麼神爲你的裝扮將不止於此。也就是說，既然大自然是宇宙進化脈動的美麗彰顯，當人類能夠與蘊涵其中的智性一致時，就會在一個更高、更奇妙的層次，把同樣的脈動彰顯出來。

所以，要經由誠實面對內在目的，來誠實面對生活。當你能夠臨在，並完全投入所做的事情當中，你的行動就會滿載靈性的力量。剛開始，在你**做的事情**中，可能不會產生明顯的改變——只有**做事的方法**可能會改變。你的主要目的就是在當下時刻，讓意識流進所做的事情之中，次要目的，則是你打算經由所做之事而達成的目標。在過去，「目的」這個觀念始終與未來有關，而現在，更深一層的目的只能經由拒絕時間，而在當下求得。

不論你在工作場所或任何其他場合與人相見時，請把所有的注意力放在他們身上。如此一來，你在那裡就不僅僅是一個人而已，而是覺知的場域，一個警醒而臨在的場域。一開始和某人互動的初衷，例如買賣交易、交換資訊等，現在都變成次要的。此時，在你們彼此之間形成的覺知場域，就成爲來往互動的主要目的了。覺知空間比你們談論的內容更重要，也比實體或思想的對象來得重要：人的**存在**變得比世上所有事物都重要。這並不表示你忽略在現實層面上應該做的事情。事實上，當你體認到本體的向度，而且讓它成爲主要目的之後，不但比較容易施展作爲，同時也更有力量。這種在人們之間升起的聯合覺知場域，就是新世界人際關係當中最重要的因素。

成功的概念只是小我的幻相嗎？我們該如何評量眞正的成功呢？

這個世界會告訴你，所謂成功，就是成就你原來打算做的事。這個世界告訴你，成功就是獲勝，同時，贏得世人認同和繁榮富足是成功的主要成分。以上所提到的，或是其中的一部分，都只是成功的副產品，不能算是成功。傳統的成功概念指的是你所做之事的結果。有人說，成功是辛勤工作和運氣、決心和才能，或是天時地利的綜合成果。以上這些或許是成功的關鍵，卻不是成功的精義。這個世界沒告訴你的是（因爲它不知道）：你不可能「成爲」成功的，你只能「是」成功的。如果這個瘋狂的世界告訴你，成功並非成功的當下時刻，而是另指他物，可別相信。那麼，成功的當下時刻又是什麼呢？它指的是：你的所作所為，即使再簡單不過的動作，都要有一種品質感。品質意味著關切和關注，它們都是伴隨覺知而來的。品質需要你的臨在。

比如說你是個商人，經過兩年的艱苦奮鬥，終於排除萬難，推出一套熱賣又大賺的產品或服務。這樣算成功嗎？以傳統的觀點來說，是的。但事實上，你花了兩年時間，以負面能量污染你的身體和地球，讓你自己和周遭的人都同受其害，同時也影響了很多素昧平生的人。這些行爲背後的無意識假設是：成功是個未來事件，而最後的結果可以讓所有手段正當化。但是，結果和手段是一致的。如果手段不能對人類的幸福快樂有所貢獻，那麼結果也不會。這個結果（其實和導致結果的行爲是無法分開的）已經被這些行爲污染了，同時會創造更多不快樂。這是個有業力的行爲：在無意識中永遠存在的不快樂。

如你所知，次要或是外在的目的存在於時間的向度之中，而主要目的則與當下密不可分，因此需要讓時間消失。若要將兩者協調一致，就必須了解：整個人生的旅程，最終都是由當下這一步所組成的。始終就只有這一步，所以應該把全部的注意力都投注其上。這並不是說，你毋須知道你的方向，而是說，當下這一步才是首要的，而終點是次要的。到達終點以後所遇到的事情，取決於當下每一步的品質。換種說法就是：未來爲你準備的是什麼，取決於你當下的意識狀態。

當你的作爲中，充滿了本體那無時間性的品質，**那就是**成功。如果本體不能流進你的作爲之中，如果你無法臨在，你會在所做的事情當中、在思想當中、在你對外在發生之事的反應當中迷失你自己。

你所謂的「迷失你自己」，到底是什麼意思？

你眞實身分的本質就是意識。當意識（你）完全認同於思考，以致於忘記自身本質的時候，意識就在思想中迷失了自己。當意識與「心理—情緒」的組成因子，如欲求和恐懼（小我的主要驅動力）認同時，它就在這些成因中迷失了自己。當意識與人們對於事件所產生的行動和反應認同時，它也迷失了自己。那時候，每個思想、每個欲望或恐懼、每個行動或反應，就會與一個錯誤的自我感融合，而錯誤的自我感無法感受本體的單純喜悅，所以會尋求歡娛，有時甚至會尋求痛苦，以取代本體的喜悅。這就是遺忘了本體之後的生活狀態。在那種遺忘自身本質的狀態下，每個成功都不過是過眼錯覺。無論成就了什麼，很快地，你會再度失去快樂，或者新的問題和困境又會完全吸走你的注意力。

我如何能以了解內在目的爲出發點，找到我在外在層次中應該做的事情呢？

外在目的因人而有極大的差異，而且不會永遠持續。外在目的受制於時間，然後會被別的目的取代。而且，認眞投入內在目的（就是覺醒）之後，外在生活環境隨之改變的程度，也是各有不同。對某些人來說，他們會突然或逐漸地與過去的事物分離，例如工作、生活情境、人際關係等，每件事都會發生深遠的改變。有些改變可能是他們自己主導的，不是經由痛苦的決策過程，而是突然領悟或認知到：這是我必須要做的事。可以這麼說：這個決定來的時候是已然生成的了，它來自於覺知，不是思考。有一天早上醒來，你就知道該怎麼做了，有些人會自然而然決定離開一個病態的工作環境或是生活情境。所以，在找出外在層面中什麼是適合你的、什麼是行得通的、什麼是與覺醒意識相容的之前，或許你應該先找出哪些是不適合的、哪些已經行不通了、哪些已經與你的內在目的無法相容了。

一些外在的其他改變也可能突如其來發生在你身上。某個巧遇可能爲你的生活帶來新的契機和發展，某些由來已久的障礙或衝突瓦解了。你的朋友可能陪伴著你一起走過這樣的內在轉化，或是逐漸遠離你的生活。有些人際關係煙消雲散，有些則更加深厚。你也許會被公司解聘，或是成爲工作地點正面轉變的原動力。你的配偶也許會離開你，或者你們會提升到新的親密層次。有些改變看似負面，但你很快就會發現，其實你的生命正在騰出一些空間，好讓新的事物出現。

也許你會經過一段感覺不安全、不確定的時期，你會自問：我該怎麼辦？既然小我已經不再操控你的生活，你對外在安全感的心理需求也會減低，因爲那種安全感本來就是虛幻不實的。你將能夠與不確定共處，甚至樂在其中，而當你可以和不確定安然共處時，無限的可能就在生命中展開了。它意味著，恐懼已不再是決定你該做什麼事的重要因素，它也不會再阻礙你採取行動以尋求改變。羅馬哲學家塔西佗（Tacitus）的觀察十分正確，他說：「尋求安逸的欲望，阻礙了每個偉大而高貴的進取心。」如果你無法接受不確定，它就會轉化成恐懼；如果你能完全接受，它會轉變成更多的活力、警覺心和創造力。

很多年前，由於內在強烈的驅策，我放棄了世俗認爲「有前途」的學術生涯，一腳踏入了完全的不確定。數年之後，我又從這個不確定中，搖身一變成爲心靈導師。又過了一段時間，類似的事情再度發生，那股驅策力再度來臨，促使我放棄了英國的家，搬到北美的西岸。雖然當時完全不知道理由，我還是順從了那股驅策力。在我進入不確定之後，《當下的力量》這本書問世了，大部分內容是在加州和加拿大的英屬哥倫比亞完成的，而我在這兩個地方都沒有自己的家。我幾乎沒有任何收入，只靠積蓄維生，很快就坐吃山空了。但事實上，每件事都優美地各就其位。我在著作快完成時，花光了所有的錢，但我買了一張樂透彩券，中了一千美元，又讓我維持了一個月。

然而，不是每個人都必須經歷外在環境的劇烈變化。在極端的另一頭，有些人停在原地不動，繼續做他們一直在做的事。對這些人來說，只有**做事情的方式**改變，而不是**所做的事情**改變。這不是由恐懼或惰性造成的，而是他們所做的事情，本身就是讓意識進入這個世界的完美載具，不需要別的了。這些人同樣也對新世界的萌生有所貢獻。

每個人不都該是這樣的嗎？如果成就內在目的就是與當下時刻合一，那怎麼會有人覺得必須從目前的工作或是生活情境中離開呢？

與當下本然合一，並不表示永遠不再啓動改變，或是無法採取行動。只是，採取行動的動機，是源自一個更深的層次，而不是源自小我的貪求或恐懼。當下時刻是整體不可分割的一部分，內在與當下時刻一致會開啓你的意識，並且讓意識與整體一致。而整體，也就是生命的完整性，就會經由你展現。

你所謂的整體是什麼呢？

一方面來說，整體包括了所有存在的事物，它就是這個世界或宇宙。但是所有存在的事物，從微生物到人類，乃至銀河系，並不全然是分離的事物或實體，而是形成一個互連的多向度過程網路的一部分。

有兩個原因讓我們看不見這個一體性，而且認爲所有事物是分離的。其一就是感知，我們的感知把實相縮小爲我們感官範圍所能接收到的事物，也就是我們看得到、聽得到、聞得到、嘗得到和觸摸得到的。但是當我們只是感知，而不去詮釋或貼上心理標籤，也就是說，如果我們不在感知中加上思想的話，其實還是可以在這種萬物看似分離的感知之下，感受到更深一層的連繫。

另一個造成我們認爲萬物皆分離這個幻相的更重要原因，就是強迫性思考。當我們困在不停歇的強迫性思想續流之中，宇宙就因我們而崩解了，而我們也喪失了得以感受萬事萬物皆相連的能力。思想把現實切割成無生命的碎片，而正是這種分裂現實的觀點，導致了極端無知和毀滅性行爲。

然而，對於整體來說，還有一個比萬事萬物都互連更深的層次。在那個更深的層次中，所有事物都是合一的。它就是源頭（Source），未顯化的至一生命。這個永恆的智性，顯化出在時間中逐漸展開的宇宙。

所謂的整體，是由存在和本體組成的，也就是顯化的和未顯化的、這個世界和神。因此，當你和整體成為一致之後，就成為整體與其目的的連繫當中，有意識的一部分，也就是意識進入世界的顯現。結果，很多及時的幫助會自動出現，機緣巧遇、各種巧合，以及許多同步性事件（synchornicity）接踵而至。卡爾．榮格（Carl Jung）稱同步性事件為「無因果相連的法則」，意思就是：發生在我們生活實相表層上的種種同步性事件之間，沒有什麼因果關係。有一種智性在我們這個世界的表相之下運作，同步性事件就是這個智性的外在顯化，也是我們心智無法理解的一個更深層的連繫。但是我們可以有意識地參與那個智性的展現，那個智性就是綻放中的意識。

大自然與整體是處於一種無意識的合一狀態。舉例來說，這就是為什麼在二〇〇四年的大海嘯災難中，幾乎沒有任何野生動物傷亡。它們與整體連繫的程度比人類高，在人們看到或聽到海嘯之前就有所感應，因此有充分的時間撤退到高地。不過這種觀點或許也是從人類的角度來看的，因為動物很可能就是自然而然地轉移到高地，不為什麼。**為了某種理由做事**，是心智與現實切斷連繫的方式；而自然界卻是無意識地與整體合一。人類最終的目的和命運就是：藉由生活在與整體有意識的合一、與宇宙智性有意識的協調一致之中，將新的向度帶進這個世界。

整體能夠利用人類的心智來創造事物，或是促成與其目的一致的情況嗎？

是的。只要有靈感（inspiration）——原意是「在靈性之中」（in spirit），以及熱誠（enthusiasm）——意思是「在神之中」，就會得到以凡人的微薄之力無法獲致的創造力。

10 新世界

天文學家已經找到證據，證實我們的宇宙是在一百五十億年前一次巨大的爆炸中誕生的，而且從那個時候開始就一直在擴展。它不但一直在擴展，也愈來愈複雜，而且更加多樣化。有些科學家也推測，宇宙從單一到多元的這種變動，終究有一天會逆轉。到時，宇宙就會停止擴展，而開始收縮，最終回歸到當初未顯化的狀態，也就是它所源自的、不可思量的空無。這種誕生、擴展、收縮和死亡的循環也許會一而再、再而三地反覆重演。目的是什麼呢？「宇宙究竟爲什麼要存在？」物理學家史蒂芬．霍金這麼問道，但是在發問的同時，他也了解，沒有任何數學模型可以提供答案。

如果你的目光不只向外，同時也會內省的話，你會發現，你有一個內在目的，也有一個外在目的。而既然你是這個宏觀世界的一個微小縮影的反映，宇宙因而也有一個與你不可分割的內在和外在目的。宇宙的外在目的就是創造形相，並且體驗各種形相之間的互動，可稱之爲遊戲、夢境、戲劇，或是隨便你怎麼稱呼它。它的內在目的就是覺醒，並且看見它無形無相的本質。然後外在和內在目的協調一致：將本質——意識——帶入形相的世界，並藉以轉化這個世界。這個轉化的最終目的遠超過人類頭腦的想像或理解，然而，此時此刻在這個地球上，我們被分派的工作就是轉化。它就是內在與外在目的協調一致，世界和神協調一致。

在檢視宇宙的擴展和收縮與我們的生活有何關連之前，必須謹記的是，我們不該將有關宇宙本質的事情視爲絕對眞理。概念或數學公式都無法解釋無限，任何思想都無法容納整體的廣大無邊。實相是統合了的整體，思想卻將它分割成碎片。這就造成了一些基本的誤解，例如，所有的事物和事件都是獨立無關的，或是**這件事**導致了**那件事**。每個思想都隱含了一個觀點，而每個觀點的本質，都意味著限制，所以最終來說，思想不是眞實的，至少不是絕對眞實。只有整體是眞實的，但是這個整體是無法言喻或思及的。從一個超越思維限制的角度來看（人類的心智是無法理解的），所有事情都是發生在當下。所有過去發生的，或是將要發生的，都在當下，都超越了時間的範疇，而時間只是心智建構而成的。

我們可以拿日出和日落做比喻，來闡釋相對和絕對眞理。當我們說太陽在清晨升起而落於黃昏，這是眞的，但卻是相對的。從絕對的觀點來說，它是錯誤的。太陽會升起和落下，是從一個靠近地表的觀察者有限的觀點來看的。如果你身處遙遠的太空，就會明白其實太陽既不升起也不落下，而是不斷散發著光芒。然而，即使了解這一點，我們還是可以繼續談論日出日落，欣賞它的美麗，把它畫下來，爲它作詩，雖然此刻我們都知道，它只是相對而不是絕對的眞理。

那麼，我們繼續說明另一個相對的眞理：宇宙的成形，和它終將回到無形的現象，其中隱含了時間的有限觀點，也讓我們看看它和我們的生命究竟有什麼關連。「我自己的生命」這個概念，當然是思想創造的另一個受限觀點，也是另一個相對的眞理。最終而言，沒有所謂「你的」生命，因爲你和生命不是兩回事，而是一體的。

你的生命簡史

這個世界的顯化成形與回歸至未顯化狀態——它的擴展和收縮——是兩種宇宙運動，可以稱之爲外顯（**outgoing**）和回歸家園（**return home**）。這兩種運動在宇宙間以多種方式展現，例如，人體心臟不停的擴展和收縮，以及吸氣和呼氣。這兩種運動也同時呈現在睡眠和清醒的循環中。每天晚上，當你進入深沉的無夢睡眠階段，便不知不覺回到未顯化的生命源頭，然後到了清晨，再充滿活力地復出。

這兩種運動的過程——外顯和回歸，同樣反映在每個人的生命週期當中。我們可以這麼說，「你」是突然間從未知處降臨到世界上的，出生之後，接著就是擴展，不僅是肉體上的成長茁壯，還有知識、活動、擁有的事物和經驗的成長。你的影響範圍逐漸擴展，生命也變得愈來愈複雜。這段期間，你主要是在尋找或追求外在的目的，通常在這個過程中，小我也相應地逐漸壯大，而小我就是與上述這些事物的認同，因此你對形式的身分認同愈來愈明確。同樣地，這個時期你的外在目的——成長——會傾向被小我主導，小我與自然之律不同，它不知道何時該停止擴張，總是貪婪地要求「更多」。

因此，正當你以爲已經功成名就，或是已經眞的屬於這個世界了，回歸的過程卻開始了。也許是你親近的人，也就是在你生命中占有一席之地的人開始死亡。接下來，你的肉體形式開始衰弱，你的影響範圍逐漸縮小。不但沒有變得更多，你現在變得更少，而小我對此的反應是：日益增加的焦慮或抑鬱。你的世界開始收縮，你發現已經無法再掌控你的世界了。以前是生命在順應我們，現在變成我們在順應生命，因爲我們的世界正在逐步縮減。過去與形式認同的意識，現在已經是日薄西山了——形式逐漸瓦解。然後有一天，你也消失了。你的扶手椅還在原處，而你已經不坐在上面了，空空如也。你回到了數年前你來自的地方。

每個人的人生（實際上是每一個生命形式），都代表了一個世界，一個宇宙經歷它自己的獨特方式。當你的形式瓦解時，一個世界就終結了——但僅僅是三千大千世界中的一個。

覺醒與回歸過程

每個人生命的回歸過程，也就是形式的衰落或瓦解，無論是經由年老、疾病、殘障、損失，還是經由某種個人悲劇而呈現，總是伴隨著極大的靈性覺醒的潛在機會——意識從形式認同中解離。因爲當代文化中所含的靈性眞理成分很少，所以很少人將其視爲機會。因此，當這些事情發生在他們或是親近的人身上時，便會覺得是萬萬不該發生的可怕錯誤。

現代文明對人類的眞實狀況是相當無知的，而對於靈性愈是無知，所受的苦就愈多。對很多人來說，尤其是西方人，死亡只不過是個抽象概念，所以，對於肉體形式瓦解後會發生什麼事，一無所知。大部分年老力衰的人都被驅逐到養老院，而屍體則被藏匿起來。其實在某些古老文化中，屍體是公開給衆人瞻仰的，但是現在，如果想看一具屍體，基本上是違法的，除非是死者的家屬。葬儀社還會幫屍體化妝，你只被允許去看美化過的死亡。

正因爲死亡對人們來說只是個抽象概念，大多數人對於一直隨伺在側的形相瓦解毫無準備。當死亡逼近時，常見的反應是驚訝、不解、絕望，以及巨大的恐懼。所有事情都不具意義了，因爲在此之前，生命所賦予的一切意義和目的，都是與積累、成功、建構、保護和感官滿足習習相關。生命是與外顯過程及形式認同相關的，也就是說，與小我相關。當生命和世界煙消雲散，大部分人都無法再從其中構思出任何意義。但是，此時其中卻潛藏著比外顯過程更加深層的意義。

正是由於開始遭逢年老、損失或是個人悲劇，傳統上，靈性的向度就是在此時進入人們的生命。也就是說，只有當外在目的崩潰瓦解，內在目的才會浮現，而小我的盔甲才會崩裂。這類事件，代表著回歸運動的開始，形式的瓦解。很多古老文化對這種過程必定有著直覺的了解，所以老人備受尊敬和推崇。老人被視爲智慧的寶庫，而且提供了更深的向度，失去了這個更深層的向度，沒有一個文明可以長久存活。在現代文明中，對於外相完全認同，而無視於靈性的內在向度，因此，「老」這個字就有很多負面的含義。它等同於「無用」，所以當你說某人「老」，幾乎是一種侮辱。爲了避免使用這個字，我們用其他委婉的說法，例如年長或資深。加拿大原住民（First Nation）的「祖母」是極爲尊貴的形象，而今天我們說的「阿嬤」，最多只有可親的意思。爲什麼老了就被視爲無用？因爲年紀大了之後，重心就從「作爲」（doing）轉向「本體」（Being），而我們的文明已經迷失在作爲當中，完全不知道本體是什麼。它只會問：本體？你能拿它來做什麼？

對某些人來說，成長和擴展的外顯過程，被一個看似太早發生的回歸過程（外相的瓦解）嚴重打斷了。有些人的中斷是暫時性的，有些則是永久的。我們一直認爲小孩不應該面對死亡，但事實上有些孩子卻必須面臨父母親的死亡——疾病或意外——甚至可能是自己的死亡。有些孩子天生殘疾，嚴重限制了生命的自然擴展，有的則是在相當年幼的階段，生命就面臨嚴重的限制和打擊。

在「不該發生」的時候出現外顯過程的中斷，也可能促使某人的靈修覺醒提早來臨。最終，每一件發生的事都是該發生的，也就是說，所有事情的發生都是一個更偉大的整體與其目的的一部分。因此，外在目的被破壞或中斷，常會引導你找到內在目的，使得一個與內在目的一致且更深層的外在目的得以浮現。通常童年時期極端受苦的人，長大後會比同年齡的人更成熟。

因此，在形相層面所損失的，會在本質層面獲得彌補。在古老文化與傳說中的一些傳統人物，例如「盲眼的預言家」或「受傷的療癒者」，他們在形相層面遭受的極大損失或傷殘，反而變成進入靈性的大門。當你能夠直接體驗各種形相不穩定的本質時，可能就永遠不會再給予形相過度的評價，也不會再盲目追求它或攀附它，以致迷失了自己。

在當代文化中，我們才剛開始認識形相瓦解（尤其是年老力衰）所代表的機會。大多數人還是悲慘地錯失了這個機會，因爲小我會認同這個回歸的過程，就像它認同外顯過程一樣。這使得小我的盔甲更堅硬，過程變成了收縮而不是開放。縮減的小我會因此將餘生用在哭訴或抱怨上，困在恐懼、憤怒、自憐、罪疚、責怪或其他負面的心理情緒狀態中，或是採取迴避策略，例如沉浸於回憶裡，或是一直回想、談論過去。

當小我不再與人生的回歸過程認同時，年老或是臨近死亡就會變回它們原來的面目：進入靈性領域的入口。我曾經見過一些老人，他們就是這個過程活生生的體現。他們變得光芒四射，衰弱的外相因著意識之光而變得清晰透亮。

在新世界中，年老將被尊崇並公認爲意識綻放的時期。對那些仍然迷失在生命外在情境中的人來說，當他們的內在目的被喚醒時，將會是個遲來的回歸。對其他很多人來說，年華老去將代表著覺醒過程的增強和最高峰。

覺醒和外顯過程

一個人一生隨著外顯過程而自然擴展，這個過程傳統上一直是被小我主導，而且被利用來擴張小我本身。「你看！我可以做這個，我猜你一定做不了！」當小孩子發現自己身體逐漸增加的力量和能力時，很自然地會對其他孩子炫耀。這是小我最早的企圖之一——經由對外顯過程的認同強化自己，並且用「比你多」的概念來貶低他人以壯大自己。當然，這只是小我衆多謬論的開端而已。

然而，當覺知增加，且生活不再受小我掌控時，就不必等到你的世界因年老或個人悲劇而縮減崩潰，才能覺醒並看到自己的內在目的。

隨著新意識開始在地球上萌生，愈來愈多的人不必再經過天搖地動才能覺醒。他們自動自發地擁抱覺醒的過程，即使自己還是身陷於成長、擴張的外顯循環之中。當這個循環不再被小我掌控，靈性的向度將經由外顯過程——思想、言語、行動、創造——而來到這個世界，就如同經由回歸過程——有著定靜、本體及形相瓦解的特質——一樣有力。

直到現在，在宇宙智性中只占極小部分的人類智力，一直都被小我扭曲、誤用。我稱之爲「服侍瘋狂的智力」。分裂原子固然需要極大的智力，但運用這個智力來建造、囤積原子彈就是瘋狂的，或說得好聽就是極端無智力的。愚蠢相對來說較無破壞力，但是有智力的愚蠢是相當危險的。對於這種有智力的愚蠢，我們可以找到數不盡的例子，而它正在威脅人類物種的生存。

若無小我功能失調的破壞，人類的智力可與外顯的宇宙智性循環及其創造脈動完全協調一致。我們可以有意識地參與形相創造的過程。我們不是創造者，但宇宙智性經由我們而創造。我們不會認同於自己所創造的事物，因此，也不會在我們的作爲中迷失。我們領悟到，創造的行爲需要最高強度的能量，但那不是指辛苦工作或是承受壓力。我們必須了解壓力與強度的差別，接下來將會討論到。掙扎或壓力就是小我重新奪回掌控權的跡象，遇到阻礙就產生負面反應，也是小我的反彈。

小我欲望背後的那股力量會創造「敵人」，也就是說，會創造一股強度相當的反彈力道。小我愈強，人們之間的分離感就愈重。唯一不會引發反彈力量的，就是完全以利他爲目標的行爲。它們兼容並蓄，而非排外；它們融合萬物，不製造分離。它們不是爲「我的」國家，而是爲了全人類；不是爲「我的」宗教，而是爲了全人類意識的萌生；不是爲「我的」種族，而是爲了有情衆生和大自然中的萬物。

我們也了解到：行動，雖然有時是必要的，但它只是顯化我們外在實相的次要因素。在創造過程中，最重要的因素就是意識。無論我們如何活躍，費了多少功夫，外在世界還是由我們的意識狀態創造的，而且如果內在層面沒有改變的話，再多的行動也不會有任何不同。我們只是不斷地重複製造同一個世界的不同版本——一個反映小我的外在世界。

意識

意識是已經有所覺知的，它是未顯化的、永恆的。然而，宇宙只是逐漸地形成覺知。意識本身是無時間性的，因此不會進化。它從未誕生，也不會滅亡。當意識成為顯化了的宇宙時，看起來就好像受制於時間，而且還會歷經進化的過程。人類的心智無法完全理解這個過程的緣由，但是我們可以從自己的內在窺其堂奧，並且在過程中成為有意識的參與者。

意識就是智性，也就是外相形成背後的組織法則。意識用了好幾百萬年的時間籌組形相，以便經由顯化出的形相表達它本身。

雖然純粹意識的未顯化領域可以被視為另一個向度，但它與形相的向度並不是分開的。形相和無相是互相貫通的。未顯化狀態以覺知、內在空間和臨在的形式流入形相的向度。它是怎麼做的呢？它是經由已有意識的人類形相，圓滿成就了它的目的。人類的形相就是為了這個更高的目的而創造的，而其他幾百萬種形相則為此奠定良好基礎。

意識化身進入已顯化的向度，也就是說，變成了形相。當它這麼做的時候，它進入了一個夢境般的狀態。智性仍然存在，但意識無法覺知到它自己了。它在形相中迷失了自己，進而與形相認同。這也可以描述爲神性被貶爲物性。在宇宙進化的階段，整個外顯過程就在夢境般的狀態中發生。只有在個人形相瓦解時（也就是死亡來臨的時候），才能瞥見覺醒。然後，它又轉世重生，再次認同於形相，又開始了下一回合的個人夢境，這個夢境也是集體夢境的一部分。當一頭獅子把斑馬的身體撕裂時，那個化身爲斑馬形相的意識，就從那個被瓦解的形相中抽離，在短暫的片刻間，覺醒到它不朽的本質——就是意識，然後立刻又重入夢鄉，而化身爲另外一種形相。當那頭獅子老化、不能再獵食了，它嚥下最後一口氣，同樣會有極短片刻的覺醒，然後又繼續進入另一個形相之夢中。

在地球上，人類的小我代表著宇宙之眠的最後階段——意識與形相的認同。在意識的進化中，這是必要階段。

人腦是非常與衆不同的物質形式，經由它，意識可以來到這個向度中。它有大約一千億個神經細胞（稱爲神經元），這個數字和我們銀河系中的星星一樣多，而銀河系可被視爲宏觀的人腦。頭腦並不會產生意識，但意識創造了頭腦，做爲意識的一種表達。人腦是地球上最複雜的物質形式，當頭腦損傷時，並不意味你會喪失意識，而是意味著，意識無法再利用那個物質形式進入這個向度。你無法喪失意識，因爲它的本質就是你的本來面目。你只能喪失你所擁有的東西，但是無法喪失你「是」的東西。

覺醒的作爲

覺醒的作爲是地球上意識進化下一階段的外在面向。我們愈接近現在這個進化階段的終點，小我就愈加功能失調，就像一隻毛毛蟲要轉化爲蝴蝶之前，會功能失調一樣。但是，隨著舊意識的瓦解，新意識已經在揚升了。

我們現在面臨的是人類意識進化的重大事件，但是今晚的電視新聞不會報導這些。在地球上——或許在銀河系或更遠處很多地方也在同步發生——意識正從形相之夢中逐漸甦醒。這並不是說所有形相（這個世界）都即將瓦解，雖然有些形相的確會瓦解。它意味著意識現在可以開始創造形相，但不會在其中迷失自己。即使當它創造和經歷形相的時候，也能對自己保持覺知。爲什麼它要一直創造和經歷形相呢？是爲了享受這個過程。那麼意識是如何做到這些的呢？是經由那些覺醒的人類，因爲他們已經領悟到了**覺醒作爲**的意義。

覺醒作爲就是將你的外在目的——你的作爲，和你的內在目的——覺醒和保持覺醒，協調一致。經由覺醒作爲，你與宇宙的外顯目的合而爲一。意識經由你而流入這個世界。它流入你的思想並賦予它們靈感，它也流入你的作爲並引導它們，同時賦予力量。

決定你是否完成了你的使命的條件，不在於你**做什麼**，而在於你**如何做**。而你會如何做，則取決於你的意識狀態。

當你做事的主要目的變成了你的作爲本身，或是說，你的主要目的變成流入你作爲之中的意識流，那麼你做事的優先順序就會有所變更。意識流會決定品質。換個說法則是：在任何情況下，無論你所做的是什麼，你的意識狀態是最主要的因素，當時的狀況和你的作爲則是次要的。行動是由意識所衍生出來的，而「未來」的成功取決於意識，不但如此，兩者也是不可分割的。行動的本身，不是小我反彈的力道，就是覺醒意識的警覺專注。所有眞正成功的行動都是來自於警覺專注的領域，而不是從小我，以及被制約、無意識的思考來的。

覺醒作爲的三種形式

意識流入你的作爲，並經由你而進入這個世界的方式有三種，藉由這三種形式，你可以讓你的生命與宇宙的創造力協調一致。這三種形式指的是潛在的能量頻率，它們會流入你的作爲之中，並且將你的行動與這個世界正在萌生的覺醒意識連結。除非你的作爲是從這三種形式其中之一衍生出來，否則它就是功能失調或是出自小我。這三種形式也許在一天內會因爲不同狀況而有所改變，但是它們其中之一應該會在你生命中的某個階段擔任主導角色。每種形式適用於某些特定狀況。

覺醒作爲的形式包括：接納、享受和熱誠，每一個代表了一種意識的振動頻率。不論你在做任何事，都必須非常警醒，好確認它們三個之中有一個是在運作的。你做的事無論難易，都應如此。如果你不是在接納、享受或是熱誠任何一個狀態中，仔細看，你會發現你在爲自己和他人創造痛苦了。

接納

如果你無法享受你做的事，至少可以接納它，了解這是你必須做的事。接納的意思是：此刻，這就是當前狀況和這個時刻需要我去做的，所以我心甘情願去做。我們前面曾經談論了很多從內在接納**當下發生之事**的重要性，而接納此刻你必須做的事，只是它的另一個面向而已。比如說，你也許無法享受在傾盆大雨的夜晚，在荒郊野外幫你的車換輪胎，更別說對它有什麼熱誠了，但是你可以接納它。在接納的狀態下行動，意味著你在行動時是平和的，那個平和就是一個微妙的能量振動，它會流入你的所作所爲之中。表面上看來，接納好像是被動的，實際上它非常積極，且有創造力，因爲它把一些全新的事物帶到這個世界上。那個平和，那個微妙的能量振動，就是意識，而意識進入這個世界的方法之一，就是經由臣服的過程，而其中一個面向就是接納。

如果你既不享受又無法把接納帶入你的作爲之中，就停止吧！要不然，你就不是在爲你唯一能負責的事負責，這件事也是眞正重要的事：你的意識狀態。如果你不爲你的意識狀態負責，你就不是在爲生命負責。

享受

當你能夠眞正享受你的作爲時，隨著臣服行爲而來的平和，就會轉變成充滿活力的感受。享受是覺醒作爲的第二種形式，在新世界中，享受將會取代欲求，成爲人們行爲背後的動力。欲求是從小我的幻相中升起的，這個幻相就是：你是一個分裂的碎片，與所有創造背後的力量是分離的。經由享受，你會與宇宙的創造力量接軌。

當你把當下時刻，而不是過去或未來，視爲你生命的焦點時，你享受自己作爲的能力——隨之而來的是你生活的品質——會戲劇化地增加。喜悅是本體的動態面向。當宇宙的創造力能夠覺知到自己時，它就顯化成爲喜悅。你不必等待什麼「有意義」的事進入你的生命，你才終於能享受你的作爲。在喜悅中，就有超過你所需要的意義。「等待開始生活」症候群，就是無意識狀態最常見的幻相。如果你已經能夠享受現在正在做的事，而不是等待某些改變發生，你才能開始享受你的作爲，那麼外在層面的擴展和正面改變，會更有可能在你的生活中發生。不要讓你的心智來定奪你是否可以享受你所做的事，心智只會給你一堆你爲什麼不能享受它的理由。「還不行啦！」心智會說。「你沒看我正忙嗎？現在沒有時間啦。也許明天你可以開始享受……」那個明天永遠不會到來，除非你能夠現在就開始享受你所做的事。

當你說，我享受做這事或那事，其實是個誤解。這樣說看起來好像喜悅是來自你做的事，實際上卻不是這樣。喜悅不是來自你做的事，它是從你內在深處流入你所做的事，繼而流入這個世界之中。喜悅來自你的作爲這種誤解很常見，也相當危險，因爲它創造了一個信念：喜悅是從其他事物中衍生出來的，例如一項活動或是一件事物。然後你就仰賴這個世界爲你帶來喜悅和歡樂，但是這個世界做不到，這就是爲什麼很多人長期生活在挫折當中。這個世界無法提供他們認爲自己需要的東西。

那麼，你做的事和喜悅的狀態之間又有什麼關係呢？當你能全然臨在於你所做的事，不把它當成僅僅是達到目的的手段，那麼你就能享受你從事的所有活動。你眞正享受的不是你所從事的活動，而是流入它之中那個充滿活力的深層感受。那個活力與你的本質合一。也就是說，當你享受你的作爲時，你實際上是在經歷本體在它動態面向的喜悅。這就是爲什麼你所享受的每件事，都會把你與所有創造背後的力量連結起來。

這裡有一個可以在你的生活中，賦予你力量和創造性開展的靈性修持。把你每天的例行公事列出來，包括那些你也許覺得很無趣、沉悶、瑣碎、煩人或令人緊張的活動，但是不要列出你怨恨或討厭做的事，因爲在那種情況下，你可以選擇接納或是停手。這份清單可能包括每天通勤上下班、採購、洗衣服，或是其他任何在每日例行公事中，讓你覺得瑣碎或緊張的活動。然後，每當你做這些事的時候，把它們當做警覺的媒介。要絕對地臨在於你做的事，並且感受在這些事情背後內在的警覺，還有活生生的定靜。你很快會發覺，在這種已提升的覺知中所做的事，不但不會讓人覺得有壓力、瑣碎或煩人，反而變得很享受。更精確地說，你現在享受的不是那個外顯的行為，而是流入行為之中那個意識的內在向度，而你就在所做的事情當中找到了本體的喜悅。如果你覺得你的生活缺少使命感，或是壓力太大、太繁瑣，這是因為你還沒有把那個向度帶入你的生活，在你所做的事情當中保持意識還未能成為你的主要目標。

當愈來愈多人發現他們生命的主要目的就是把意識之光帶進這個世界，因而讓他們的作為成為意識的媒介，那麼新世界就會出現了。

本體的喜悅就是有覺知的喜悅。

覺醒的意識接下來就會從小我那裡接手，開始主導你的生活。你會發覺長期以來一直在從事的活動，在意識賦予力量的情況下，現在自然地開始擴展到更大的規模。

經由創造性的行動，有些人只是單純地從事他們喜歡的活動，並不想因而功成名就，卻反而豐富了其他很多人的生命。他們可能是音樂家、藝術家、作家、科學家、老師、建造者，或是他們顯化了新的社會或企業組織（開悟的企業）。有時在幾年之間，他們的影響範圍還是很小，然後突然之間，也可能是漸漸地，創造性力量之波流入他們的作為，他們的作為擴展到他們自己都無法想像的地步，因而觸動了無數其他的人。在享受之外，他們的作為還加入了一股強度，因而帶來了常人所不能及的創造力。

但是別讓它跑進你的頭腦裡，因為那裡可能還藏有一部分苟延殘喘的小我。你畢竟是個普通人，卓越不凡的是經由你而來到這個世界的東西。但是你和其他眾生都享有這樣的本質。十四世紀波斯詩人兼蘇菲派大師哈菲茲就完美地表達了這個眞理：「我是笛子上基督氣息流過的氣孔。傾聽這音樂。」

熱誠

對於那些謹守覺醒為內在目的的人來說，創造性的顯化還有另外一種方式。有一天他們突然就知道了他們外在目的為何，他們有遠大的願景、目標，而從那天起，他們便開始向實現目標努力邁進。他們的目標或願景通常與他們正在做，或是喜歡做的東西有一定的關連，但規模要宏大得多。這就是覺醒作為第三個形式的開始：熱誠。

熱誠意味著你的作為當中，有很深的享受，再加上一個你努力邁向的目標或願景。當你在享受你的作為的同時，若加上一個目標，你所做的事情的能量場或振動頻率就改變了。現在，在享受中，加入了若干程度我們稱之為結構性強度的東西，所以它轉變為熱誠。在創造性活動的高峰，如果再加上熱誠，你的所作所為背後就會有巨大的強度和能量。你會感覺自己像一枝正在射向紅心的箭，而且你還很享受這個過程。

對旁觀者來說，你可能看起來是有壓力的，但是熱誠的強度與壓力絲毫無關。你會有壓力，是因爲你想要達到目標的欲望，勝過你想要做正在做的事情。一旦失去享受和結構性張力之間的平衡，後者就占了上風。當有壓力時，通常是小我已經捲土重來的表徵，而你也切斷了自己和宇宙創造力之間的連繫。因此，小我欲求的力道和緊張就升起，你就必須掙扎且辛苦工作才能完成任務。在壓力的影響下，你做事的品質和效率總是會降低。另外，壓力和焦慮、憤怒之類的負面情緒也有很強的關連，它會毒害身體，而且現在已經被認爲是退化性疾病（如癌症和心臟病）的元凶之一。

與壓力不同的是，熱誠有一個高能量的頻率，因此會和宇宙的創造力相互呼應。這就是爲什麼愛默生說：「所有偉大的成就都有熱誠的貫注。」熱誠（enthusiasm）這個字是從古希臘文來的——en和theos，意思是「神」。而相關的字enthousiazein，意思是「受神靈的啓示」。有了熱誠你會發現，你不必完全靠自己來做事。事實上，靠自己的話，你是什麼重要的事也**做**不了的。經久不衰的熱誠會帶來創造性能量的狂潮，而你要做的只是「順流而行」。

熱誠也會爲你所做的事帶來巨大的力量，所以那些尚未汲取那股力量的人，會以敬畏的心情仰慕「你的」成就，還可能會把你的成就當成你的身分（who you are）。然而，你明白耶穌所指的那個眞理：「在我凡事不能。」小我的欲求會產生與它力道相同的反彈力量，熱誠卻永遠不會有反彈。它是凜然不可侵犯的；它的運作不會產生勝利者和失敗者；它是基於兼容並蓄，而不是排除異己；它不需要利用或操控他人，因爲它本身就是創造力，所以不需要從其他二手來源吸取能量。小我的欲求總是試圖從他人或他物之中攫取，而熱誠卻是從它本身的豐盛中給予。當熱誠遭遇不利情勢或不合作的人這類的阻礙時，它從不以行動攻擊，而是採取迂迴策略，或是藉由順應、接納，把反彈的能量轉化爲有助益的能量，化敵爲友。

熱誠和小我無法共存，有熱誠就不會有小我，反之亦然。熱誠知道自己的去處，但在此同時，它與當下時刻深刻合一，當下時刻是它活力、喜悅和力量的泉源。熱誠不欲求任何事，因爲它無所缺。它與生命合一，所以無論熱誠引發的活動多麼活潑有力，你不會在它們之中迷失自己。就像在車輪轉動的中心，始終有個定靜卻又活力四射的空間，這個在所有動靜之中的核心空間，既爲萬物之泉源，又不爲萬物所動。

經由熱誠，你可以進入和宇宙外顯創造法則完全一致的狀態，但是不會與它的創造物認同，也就是說，沒有小我。沒有認同，就沒有執著——而執著是所有痛苦的源頭。一旦創造能量的浪潮過了，結構性張力會再度消逝，而你的作爲當中還是有喜悅存留。沒有人可以一直生活在熱誠中，也許過一陣子，一股新的創造能量浪潮會再度來臨，而重新引發熱誠。

當瓦解形相的回歸過程開始時，你就不再需要熱誠了，熱誠是屬於生命的外顯循環，而唯有經由臣服，你才能與回歸過程——也就是回家的路程——和諧一致。

總而言之，享受你在做的事，並結合一個你努力的目標或願景，就是熱誠。但即使你有目標，你此刻正在做的事情必須還是注意的焦點，要不然，你會與宇宙的目的不一致。要確認你的目標或願景不是一個自我膨脹的形象，例如想要成爲電影明星、名作家，或是富有的企業家，否則它就是來自隱藏的小我。同時要確認你的目標不是聚焦在**擁有**什麼，像海邊別墅、你自己的公司，或千萬美元存款。提升自己的形象，或是讓自己**擁有**各種事物，這樣的願景屬於靜態的目標，因此無法賦予你力量。確定你的目標是動態的，也就是說，它指向你正在從事的**活動**，而經由這個活動，你與其他人類及整體宇宙相連。不要視自己爲著名演員、作家等等，而是看到你的工作能激勵無數人，並豐富他們的生命。感受到你從事的活動是如何豐富或加深了你自己的生命，也豐富或加深了無數其他人的生命。感覺自己是個能量流過的敞開管道，讓能量從未顯化的萬有源頭流向衆生，也因而經由你而利益衆生。

這意味著你的目標或願景在你之內——在心智和感覺的層面——已經是實相了。熱誠是能夠轉化心智藍圖進入物質向度的力量，這就是有創造性地利用心智，所以在其中沒有欲求。你無法顯化出你想要的，你只能顯化出你擁有的。經由辛苦工作和壓力，你可能得到你想要的東西，但這不是新世界的法則。耶穌說：「凡你們禱告祈求的，無論是什麼，只要信，就已經得著了。」其實這就是如何有創造性地利用心智，以及有意識地去顯化形相的關鍵。

頻率的持有者

外顯進入形相的過程，在每個人身上表達的強烈程度有所不同。有些人覺得有強烈的衝動想要建造、創造、參與、達成某些使命，或是對這個世界造成影響。如果他們處在無意識狀態，他們的小我當然就會掌控大局，進而利用外顯循環的能量來達成自己的目的。然而，這樣會大量減少他們所能接受到的創造性能量，所以他們逐漸需要仰賴「努力」來得償所願。如果能夠處在有意識的狀態中，這些外顯過程相當強烈的人就會變得極具創造力。其他的人，隨著長大成人而自然擴展到一個階段之後，則會過著外在看起來毫不起眼，似乎較爲被動，而且比較平淡的生活。

這些人天生較爲內向，在他們身上，進入形相的外顯過程毫不顯著。他們比較喜歡回家，不喜歡外出，對於改變世界或積極參與這個世界的活動也興趣缺缺。如果要說有什麼野心的話，最多不過是找些事情來做，好讓他們有一定程度的財務自由。他們之中有些人覺得與這個世界格格不入，有些人比較幸運，可以找到一個避風港，讓他們過著相對受到保護的生活，可以找到有固定收入的工作，或者自己做點小生意。有些人可能嚮往到靈修社區或修道院生活。有些人可能自我放逐到社會邊緣，因爲他們覺得和這個社會之間沒有什麼相同之處。有些人求助於毒品，因爲生活在這樣的世界太痛苦。有些人則最終成了療癒者或靈性老師，也就是說，本體的老師。

在過去的年代，這些人可能會被當做「愛沉思冥想的人」。看起來，在現代文明中並沒有他們的一席之地。然而在揚升中的新世界裡，他們的角色就和那些創造者、作爲者（doers）和改革者一樣重要。他們的功能是去穩住新意識在地球上的頻率，我稱他們爲「頻率的持有者」（the frequency-holders），經由每日生活的例行活動，經由與他人的互動，同時經由他們的「存在」（just being），有助於產生新意識。

以這種方式，他們賦予看起來毫不重要的事極爲深奧的意義。他們的工作就是，不管做什麼，都保持絕對的臨在，因而把空無和寧靜帶入這個世界。他們做的事都有意識臨在，所以即使在最簡單的事物中，都可以看到品質。他們的目的就是以神聖的態度去做每一件事情。由於每個人都是集體人類意識的一部分，他們對這個世界的影響，遠超過他們表面生活所表現出來的。

新世界不是烏托邦

新世界的概念只不過是另一個烏托邦的願景嗎？當然不是。所有烏托邦的願景都有個共同點：心智對一個未來時間點的投射，當那個時間點來臨時，一切都會變得很美好，我們將會被拯救，我們的問題會終結，只有平安和諧會存在。這種烏托邦式的願景已經有很多了，有些在失望中結束，有些以慘劇收場。

在所有烏托邦願景的核心，都有一個舊意識在主要結構上的功能失調：期望在未來得到救贖。實際上，未來是在你心智中以念相的方式存在，所以當你期望在未來得到救贖，你就是無意識地在心智中尋求救贖。你又被形式困住了，那就是小我。

「我又看見一個新天新地。」聖經預言者這樣寫著。新世界的基礎是新天堂——覺醒的意識，而這個世界——外在的實相——只是新天堂投射在外的反映。新天堂揚升的同時，也隱含了新世界的揚升，而這兩者都不是讓我們可以得到解脫的未來事件。我們無法在未來得到解脫，因爲可以解脫我們的只有當下時刻，這樣的領悟就是覺醒。覺醒如果被視爲未來事件，就毫無意義，因爲它就是對當下臨在的領悟。所以新天堂，也就是覺醒的意識，不是一個在未來可以達到的狀態。一個新天堂和新世界此刻正在你之內揚升，而如果此刻它們沒有揚升，它們不過是你頭腦裡的一個思想，才會完全沒有升起。耶穌是怎麼告訴他門徒的？「天國就在你們中間。」

在登山寶訓中，耶穌曾經做了一個少有人懂的預言。他說：「溫柔的人有福了，因爲他們必承受地土。」在聖經的現代版中，「meek」（溫柔的）被翻譯成「謙卑的」。誰是溫柔或謙卑的人呢？他們必承受地土又是什麼意思？

溫柔的人就是無小我的人，他們就是那些已經覺醒，而看到自己實質本性（就是意識）的人，同時在其他人身上，包括所有生命形式，也都能看到那個本質。他們生活在臣服的狀態，所以時時感受自己與整體及源頭是合一的。他們體現了那個在地球上改變所有生命面向的覺醒意識，所謂生命的不同面向包括大自然，因為地球上的生命和觀照它們、與它們互動的人類意識是息息相關、不可分割的。這就是溫柔的人會承受地土的意思。

一個新的生命正在地球上揚升。它此刻就在揚升。而你就是它！

譯者致謝

這是我翻譯的第一本書，而本書的難度又特別高，所以，對我來說眞是一個挑戰。還好有幾位朋友相助，幫我校正譯稿，爲本書增色不少：Tracy、Christina、Annie，還有Allen。Allen在一個忙碌的全職工作之餘，不計名利，特別抽空爲我校稿，我從他專業的翻譯能力中，也學到了不少技巧。而Tracy（彭芷雯）則是最勇敢，也是最堅持的。校譯是一件吃力不討好的工作，她能夠沒打退堂鼓，堅持到底，眞是不容易。而本書編輯黃淑雲小姐的細心校稿，讓我再次體會臺灣出版界編輯的專業能力，在此獻上由衷的感謝！

德芬

http://www.booklife.com.tw reader@mail.eurasian.com.tw

新時代 132

一個新世界：喚醒內在的力量

作　　者／艾克哈特・托勒（Eckhart Tolle）
譯　　者／張德芬
發 行 人／簡志忠
出 版 者／方智出版社股份有限公司
地　　址／台北市南京東路四段50號6樓之1
電　　話／（02）2579-6600・2579-8800・2570-3939
傳　　真／（02）2579-0338・2577-3220・2570-3636
郵撥帳號／13633081　方智出版社股份有限公司
總 編 輯／陳秋月
資深主編／賴良珠
責任編輯／黃淑雲
美術編輯／劉鳳剛
行銷企畫／吳幸芳・崔曉雯
印務統籌／林永潔
監　　印／高榮祥
校　　對／賴良珠・黃淑雲
排　　版／莊寶鈴
經 銷 商／叩應股份有限公司
法律顧問／圓神出版事業機構法律顧問　蕭雄淋律師
印　　刷／祥峰印刷廠
2008年8月　初版
2024年7月　74刷

定價 290 元　ISBN 978-986-175-120-7

你本來就應該得到生命所必須給你的一切美好！

祕密，就是過去、現在和未來的一切解答。

——《The Secret 祕密》

國家圖書館出版品預行編目資料

一個新世界：喚醒內在的力量 / 艾克哈特・托勒（Eckhart Tolle）著；張德芬譯. -- 初版. -- 臺北市：方智，2008.08

288面 ；14.8×20.8公分. --（新時代 ；132）

譯自：A new earth : awakening to your life's purpose

ISBN：978-986-175-120-7（平裝）

1. 靈修

192.1 97011603